김병국 교수의

요한복음 이야기

김병국 교수의

요한복음 이야기

초판 1쇄 인쇄 2013년 8월 25일
초판 1쇄 발행 2013년 8월 30일

지은이 김병국
펴낸이 장대윤

펴낸곳 도서출판 대서
등록 제22-2411호
주소 서울시 서초구 방배동 981-56
전화 02-583-0612 / 팩스 02-583-0543
메일 daiseo1216@hanmail.net

디자인 참디자인(02-3216-1085)

ISBN : 978-89-92619-85-1 (03230)

김병국 교수의

요한복음 이야기

도서출판 대서

들어가는 글

요한복음은 왜 중요한가?

신학교에서 성경의 어떤 책을 강의할 때면 제일 먼저 그 책의 중요성을 강조합니다. 이를테면 창세기를 강의할 때는 이렇게 말합니다. "여러분, 창세기는 정말로 중요한 책입니다. 왜냐하면 이 책은 세상 모든 것들의 시작을 설명하고 있기 때문입니다. 우주의 시작, 인간의 시작, 죄악의 시작, 하나님의 구원의 시작, 이 모든 것들이 창세기에 담겨 있습니다. 그러므로 성경을 제대로 이해하기 위해서는 우선 창세기를 잘 알아야 합니다." 그러면 학생들은 모두 고개를 끄덕이며 "이번 학기에 창세기 공부 열심히 해야지" 하고 생각합니다.

또 시가서를 강의할 때는 이렇게 말합니다. "여러분, 우리는 전인격 즉 우리의 지, 정, 의를 다해 하나님을 섬겨야 합니다. 그런데 시가서를 제외한 성경의 다른 책들은 지적인 면과 의지적인 면에 치우쳐 있습니다. 그러므로 우리가 하나님을 지, 정, 의 전체를 다해 섬기기 위해서는 시가서를 잘 알아야 합니다." 그러면 또 학생들이 고개를 끄덕끄덕 합니다.

마태복음을 강의할 때는 "여러분, 마태복음은 구약성경과 신약성경을 이어주는 책입니다. 그러므로 둘 사이의 연관성을 이해하기 위해서는 마태복음을 잘 알아야 합니다"라고 말합니다. 또 로마서를 강의할 때는 "여러분, 로마서는 정말로 중요한 책입니다. 기독교 교리의 핵심이라고 할 수 있는 '오직 믿음으로 의롭다 하심을 얻는다'는 교리가 이 책에 가장 자세히 설명되어 있기 때문입니다. 종교개혁자 루터는 성경을 금반지라고 한다면 로마서는 그 가운데 박혀 있는 다이아몬드라고 말했습니다"라고 설명합니다. 그러면 학생들은 이제 그 책의 중요성을 이해하고 학습의지를 불태웁니다.

그런데 여러분, 요한복음도 정말 중요한 책입니다. 지금은 여러분이 웃으시겠지만 잠시 후면 여러분들도 요한복음이 정말 중요한 책이라는 사실을 인정하시게 될 겁니다. 요한복음은 성경 66권 가운데 가장 마지막에 기록된 책입니다. 그래서 중요합니다.

벌써 어느 정도 이해가 되시지요? 성경이 하나님의 책이라는 사실을 받아들이지 않는 사람들에게는 어떤 책이 마지막에 쓰였다는 사실이 아무런 의미를 갖지 못합니다. 그냥 '66권이나 되는 책들이 모여서 성경을 이루고 있으니까, 그 중에서 어떤 책은 가장 먼저 쓰였을 것이고 어떤 책은 제일 마지막에 기록되었겠지 뭐' 하는 정도입니다.

하지만 성경이 하나님의 책이라고 믿는 사람들에게는 이야기가 다릅니다. 성경은 분명히 "모든 성경은 하나님의 감동으로 된 것으로…"(딤후 3:16)라고 말씀합니다. 그러므로 성령 하나님이 성경 66권의 총 기획자이십니다. 하나님께서 성경을 기획하실 때 제일 마지막에 기록될 책을 아무 의미 없이 계획하셨겠습니까? 아닙니다. 제일 마지막에 기록된 책에는 특별한 의미가 있습니다. 그럼 그게 뭘까요?

성경 전체의 요약인 요한복음

요한복음은 신구약 성경 전체의 요약이라는 의미를 가지고 있습니다. 한 시리즈의 책들 중 제일 마지막에 기록된 책은 그 앞에 나왔던 책들의 내용을 요약해 주는 기능을 가지고 있습니다. 신명기가 좋은 예입니다. 우리가 알고 있듯이 모세오경은 구약성경의 첫 다섯 권의 책을 말합니다. 그런데 하나님께서 창세기, 출애굽기, 레위기, 민수기, 이 네 권을 책을 주신 후에 보니까 내용이 너무 방대한 것 같습니다. 이스라엘 백성들이 그 네 권의 요점을 제대로 파악하지 못할 것 같습니다. 그래서 모세를 통해 제일 마지막에 다시

한 번 네 권의 내용을 정리하는 책을 주셨는데 그것이 바로 신명기입니다.

앞의 네 권의 책들과 신명기는 구조가 전혀 다릅니다. 네 권의 책들은 각 책이 시작될 때와 끝날 때 시간적, 공간적으로 엄청난 차이가 있습니다. 창세기는 세상의 창조에서 시작되어 요셉의 죽음으로 끝납니다. 그 시간적 경과가 몇 년이나 되는지 가늠하기가 불가능합니다. 출애굽기는 애굽에서 시작하지만 끝날 때는 광야에서 끝납니다. 다른 책들도 마찬가지입니다. 첫 부분과 마지막 부분 사이의 시간적, 공간적 차이가 엄청납니다.

하지만 신명기는 그 차이가 얼마 되지 않습니다. 시간적 경과나 장소적 이동이 거의 없습니다. 모압 광야에서 모세가 하나님의 명령을 백성들에게 다시 상기시켜 주는 형식을 취하고 있습니다. 신명기라는 이름 자체가 그 책의 성격을 잘 보여줍니다. 신명기의 '신'(申) 자가 '거듭 신'자입니다. '명'(命)은 계명, 명령이라고 할 때의 '명'자입니다. 그러니까 신명기의 뜻은 '하나님의 명령을 거듭해서 쓴 책' 즉 앞에 나온 네 권의 책에 이미 등장했던 하나님의 계명들을 요약해서 다시 보여주는 책이라는 것입니다. 신명기의 영어 이름도 마찬가지입니다. Deuteronomy라는 이름인데 deutero는 '이중의'라는 뜻이고 nomy는 '법'을 뜻하는 헬라어 nomos에서 나온 말입니다. 그러니까 영어 이름도 '계명을 반복한 책'이라는 뜻입니다.

성경 66권 중에서 신학자들이 제일 마지막에 기록된 책들이라고 지목하는 것이 있습니다. 요한문헌이라고 하는 책들입니다. 요한문헌이 어떤 책들일까요? 아주 간단합니다. 그냥 책 이름이 '요한'으로 시작되는 책들입니다. 요한복음, 요한1서, 요한2서, 요한3서, 그리고 요한계시록을 말합니다. 이 책들이 성경 66권 중에서 가장 늦게 기록되었습니다. 그 중에서 어떤 책이 가장 늦게 기록되었는지는 확인할 방법이 없습니다. 그냥 의견들이 분분합니다.

그런데 요한복음을 제외한 나머지 책들은 성경 전체의 요약이라고 하기에는 무리가 있습니다. 요한1서, 요한2서, 요한3서를 요한서신이라고 하는데 이 책들은 일단 너무 얇고 그 주제가 한정되어 있습니다. 요한1서는 '하나님은 사랑이시다. 우리도 하나님을 사랑해야 한다. 하나님을 사랑하는 방법은 그분의 계명을 지키는 것이다. 그분의 계명은 서로 사랑하라는 것이다'라는 것이 주제입니다. 요한2서는 '서로 사랑하라. 그리고 거짓 교사들을 물리치라'라는 것이 주제입니다. 그리고 요한3서는 '주님의 복음을 위하여 나그네 된 자들, 즉 선교사들을 잘 영접하라'라는 것이 주제입니다.

모두 중요한 주제들임에는 틀림없지만 성경 전체의 요약이라고 하기에는 부족한 것들입니다. 요한계시록은 역사의 마지막을 계시하는 예언서이기 때문에 성경 전체의 요약이라고 보기에는 역시 무리가 있습니다. 하나님께서 성경 전체의 요약으로서 우리에게 주신 책은 요한복음입니다. 그 안에 하나님의 계시의 모든 핵심이 다 들어가 있습니다.

저와 나이가 비슷하신 분들은 젊은 시절에 사영리 책자를 가지고 전도훈련을 받으셨을 것입니다. 사영리 책자에 보면 마지막에 영접기도를 따라하게 하는 부분이 있습니다. 그 기도를 하고 나면 영접자에게 제일 먼저 읽기를 권하도록 교육받은 책이 요한복음이었습니다. 왜냐하면 요한복음이 성경 전체의 하나님의 메시지를 잘 요약해 주고 있기 때문입니다.

그런데 이런 질문이 생깁니다. 요한복음이 성경의 요약이라면 왜 복음서라는 형식을 취하고 있을까요? 우리에게 성경을 요약하라고 하면 논설문을 쓸 것 같습니다. '성경의 주제들은 다음과 같다. 첫째, 세상의 창조주는 삼위일체 하나님이시다…' 뭐 이런 식으로 말입니다.

그런데 왜 요한복음은 성경 전체의 요약이라고 하면서 복음서의 형식을 취하고 있을까요? 여러분, 구약 성경 전체의 주제가 뭡니까? 앞으로 오실 메시야입니다. 구약은 하나님께서 앞으로 세상에 보내주실 구원자에 대해 말씀하고 있습니다. 그럼 신약의 주제는 뭡니까? 오신 메시야, 그리고 앞으로 재림하실 메시야입니다. 그렇기 때문에 신구약 성경 전체의 주세는 메시야 즉 예수님이십니다. 그런데 예수님에 대해 설명을 하기 위해서는 복음서의 형식을 취하는 것이 가장 적절합니다. 그렇기 때문에 성경 전체의 요약으로 기획된 책이 복음서의 형식을 취하고 있는 것입니다.

하지만 그렇기 때문에 요한복음은 다른 복음서들, 즉 마태, 마가, 누가복음과는 많은 차이점들을 가지고 있습니다. 이 세 복음서를 공관복음이라고 부르는데 이 책들은 예수님께서 지상에서 사역하시다가 부활, 승천하시는 모습을 보여줍니다. 하지만 요한복음은 좀 다릅니다. 그 출발점이 하늘이고 그 시작이 태초입니다. "태초에 말씀이 계시니라 이 말씀이 하나님과 함께 계셨으니…"(요 1:1) 이렇게 시작합니다. 그리고 드디어 지상으로 내려오십니다. "말씀이 육신이 되어 우리 가운데 거하시매…"(요 1:14). 그리고 다시 하늘로 올라가십니다. "지금 내가 아버지께로 가오니…"(요 17:13). 요한복음은 성경 전체의 요약본인데 성경 전체의 주인공은 예수님이십니다. 그렇기 때문에 그 책은 복음서의 형식을 취하고 있는 것입니다. 자, 이제 요한복음 본문을 살펴보기로 하겠습니다.

CONTENTS

01

요한복음 1:1-18

14 말씀이 육신이 되어 우리 가운데 거하시매 우리가 그의 영광을 보니 아버
지의 독생자의 영광이요 은혜와 진리가 충만하더라
15 요한이 그에 대하여 증언하여 외쳐 이르되 내가 전에 말하기를 내 뒤에 오
시는 이가 나보다 앞선 것은 나보다 먼저 계심이라 한 것이 이 사람을 가리
킴이라 하니라

세례 요한이 이곳에 등장하는 이유

요한복음 1:1-18은 요한복음의 '서문'이라고 불리는 부분입니다. 요한복음 전체의 주제를 이곳에서 요약해 주고 있습니다. 예수님은 하나님이시며(1절), 육신을 입고 세상에 오신 분이고(14절), 우리가 그분을 힘입어 구원을 얻는다는(12절) 기독교의 기본진리를 포함하고 있습니다.

14절에 예수님이 "우리 가운데 거하시매"라는 말씀이 있습니다(14절). 여기서 사용된 '거하다'라는 동사는 어원이 특수합니다. 출

애굽 광야 시절에 하나님이 머무시던 장막이 있었습니다. 그 '장막' 이라는 단어에 어원을 두고 있습니다. 즉 광야에서 하나님께서 이스라엘 백성들과 함께 머무시며 그들을 이끄셨듯이 예수님께도 우리와 함께 거하시며 우리를 보호하시고 인도해 주신다는 뜻입니다.

그리고 이 서문 중간에 세례 요한이 두 번 등장합니다(6, 15절). 그런데 이것은 우리를 의아하게 만듭니다. 앞에서 설명했듯이 요한복음은 신구약 성경 전체를 요약해 주고 있는 매우 중요한 책입니다. 그리고 그 중에서도 1장 1-18절은 요한복음의 서론이라고 불리는 대단히 중요한 부분입니다. 이런 부분에 세례 요한이라는 사람이 왜 두 번씩이나 등장하는 것일까요? 그것도 자세히 살펴보면 예수님에 대한 설명과 번갈아 가며 나타납니다.

세례 요한이 여기 나타나는 이유는 그가 예수님께서 직접 인정하신, 그 이전 시대를 대표하는 최고의 인물이기 때문입니다. 예수님께서는 "여자가 낳은 자 중에 세례 요한보다 큰 이가 일어남이 없도다"(마 11:11)라고 말씀하셨습니다. 그러니까 그는 개인자격으로서가 아니라 구약시대와 신구약 중간기 시대의 모든 인물들을 대표하여 이곳에 등장하고 있는 것입니다.

그가 등장하는 구체적인 이유는 본문을 자세히 살펴보면 쉽게 알 수 있습니다. 세례 요한이 언급될 때마다 꼭 같이 언급되는 단어가 있습니다. 그것은 '증언'이라는 단어입니다. "7 그가 '증언'하러 왔으니 곧 빛에 대하여 증언하고," "15 요한이 그에 대하여 '증언'하여 외쳐 이르되." 세례 요한은 구약 시대와 신구약중간기 시대의 모든 사람들을 대표하여 예수님에 대해 증언하기 위해 이곳에 있습니다. 즉 이 예수님이야말로 구약이 예언했던 바로 그 메시야라는 것입니다. 그러므로 구약을 하나님의 말씀으로 인정하는 자는 예수님을 메시야로 받아들여야 합니다. 세례 요한이 그것을 증거하고 또 보증하고 있습니다.

말씀이신 예수님

그런데 이 부분에서 예수님을 '말씀'이라고 부르고 있습니다. 예수님을 지칭할 수 있는 명칭이 얼마든지 많이 있습니다. 이를테면 만왕의 왕, 하나님의 아들, 이스라엘의 왕 등입니다. 그런데 왜 하필 이 중요한 곳에서 그분을 '말씀'이라고 부르고 있는 것일까요? 하나님의 말씀이 그만큼 중요하다는 뜻입니다. 우리는 하나님의 말씀을 통해 하나님을 알게 되고, 하나님과 교제하는 법을 배우게 되며, 삶의 기준을 얻게 됩니다. 그러므로 하나님을 사랑하는 사람은 하나님의 말씀을 사랑해야 합니다.

하지만 사람들은 하나님의 말씀을 차근차근 배우기보다는 어떤 대단한 기적을 보는 것을 더 좋아합니다. 그것은 예나 지금이나 마찬가지입니다. 그래서 누군가가 기적을 일으킨다는 소문이 들리면 그곳으로 몰려가곤 합니다. 그러나 그것은 조심해야 할 일입니다. 요한계시록 13:12,13에 이런 말씀이 있습니다. "저가… 큰 이적을 행하되 심지어 사람들 앞에서 불이 하늘로부터 땅에 내려오게 하고." 말세에 거짓 선지자가 나타나 사람들에게 엄청난 기적을 보여주며 그들을 현혹한다는 것입니다.

그 거짓 선지자는 아마 구약시대의 엘리야 이야기를 사람들에게 들려줄 것입니다. "엘리야 시대에 참된 신과 거짓된 신을 구별하는 기준은 하늘에서 불이 떨어지게 하는 것이었소. 자 이제 나와 대결을 합시다. 하늘에서 불이 내려오게 하는 사람이 참된 신의 선지자가 되는 거요." 그래서 많은 주의 종들과 대결을 하는데 거짓 선지자가 불을 내려오게 한다는 것입니다. 그래서 많은 사람들을 유혹한다는 것입니다.

신구약성경이 완성되기 전에는 종종 기적이 진리를 판단하는 기준으로 사용되었습니다. 마가복음 마지막 부분은 이렇게 끝납니다: "제자들이 나가 두루 전파할새 주께서 함께 역사하사 그 따르는 표적으로 말씀을 확실히 증언하시니라"(막 16:20). 사도들이 나가서 복음을 전할 때 사람들은 반신반의 했을 것입니다. 그 때 사도들이 엄청난 기적을 행하면 사람들이 확신을 가지고 복음을 받아들였다는 것입니다.

하지만 이제는 다릅니다. 신구약 성경이 완성된 시대에는 기적이 아니라 하나님의 말씀이 모든 것을 판단하는 기준입니다. 여러분이 어떤 새 동네로 이사를 갔는데 두 교회가 있습니다. 한 교회 목사님은 엄청나게 많은 기적을 행합니다. 하지만 설교를 들어보니 하나님의 말씀에서 벗어난 이상한 말을 전합니다. 그런데 다른 교회의 목사님은 어떤 기적을 행하지는 않습니다. 하지만 하나님의 말씀을 제대로 정확하게 전합니다. 그러면 어느 교회를 선택해야 합니까? 성경 말씀을 제대로 가르치는 교회입니다. 말씀이 가장 중요합니다. 그렇기 때문에 본문은 예수님을 '말씀'이라고 소개하고 있는 것입니다.

02

요한복음 1:19-34

29 이튿날 요한이 예수께서 자기에게 나아오심을 보고 이르되 보라 세상 죄
를 지고 가는 하나님의 어린 양이로다

세례 요한의 사명

세례 요한이 두각을 나타내자 사람들은 그가 혹시 메시야가 아닌지 궁금해 합니다. 그러나 세례 요한은 자신은 그리스도가 아니라고 대답합니다(20절). 그러자 그들은 당신이 혹시 엘리야냐고 물어봅니다(21절). 엘리야는 죽지 않고 하늘로 승천했던 선지자입니다(왕하 2:11). 하나님께서는 말라기 선지자를 통해 장차 엘리야를 세상에 보내겠다고 약속하셨기 때문에(말 4:5) 유대인들은 엘리야가 그들에게 돌아오는 것을 기대하고 있었습니다. 하지만 세례 요한은 자신은 엘리야도 아니라고 대답합니다(21절).

그러자 이번에는 당신이 그 선지자냐고 묻습니다. 모세는 신명

기 18:15에서 "네 하나님 여호와께서 너희 가운데 네 형제 중에서 너를 위하여 나와 같은 선지자 하나를 일으키시리니"라고 예언했습니다. 유대인들은 세례 요한에게 모세가 예언했던 그 선지자가 당신이냐고 묻는 것입니다. 세례 요한은 자신은 그 선지자도 아니라고 대답합니다.

자신들이 예상했던 것들에 대해 요한이 모두 아니라고 대답하자 그들은 그러면 당신은 도대체 누구냐고 묻습니다. 이에 대해 세례 요한은 이사야 40:3을 인용하면서 자신은 "주의 길을 곧게 하라고 광야에서 외치는 자의 소리"라고 말합니다(23절). 메시야가 등장하시기 전에 그의 길을 준비하는 메신저라는 것입니다. 세례 요한은 자신이 누구인지, 그리고 자신의 사명이 무엇인지를 분명히 아는 사람이었습니다. 그렇기 때문에 성공적으로 자신의 일을 감당할 수 있었고 자신의 사명을 위해 목숨을 바칠 수 있었습니다.

우리는 큰 꿈을 꾸라는 메시지에만 익숙해져 있습니다. 내가 아무리 약한 존재여도 하나님 앞에서 큰 꿈을 꾸기만 하면 얼마든지 하나님의 큰 일을 이룰 수 있다는 메시지가 여기저기서 들려옵니다. 그래서 낮은 곳에서 작은 일에 만족하며 사는 사람들은 마치 하나님의 뜻에 불순종하는 자처럼 취급됩니다.

하지만 그런 메시지는 성경적이지 못합니다. 하나님께서는 각 사람을 창조하실 때 그에게 맞는 사명을 계획하셨습니다. 그리고 우리를 그 사명에 꼭 맞는 시대에, 사명을 이룰 수 있는 재능을 가지고 태어나게 하셨습니다. 그 사명을 찾아서 그 사명에 충성하며 살면 가장 성공적인 인생이 되는 것입니다.

누구나 큰 꿈을 꾸면 하나님이 그의 꿈을 이루어주신다는 메시지는 이 시대의 강한 자들, 성공한 자들이 약한 자들을 업신여기고 짓밟을 수 있는 이론적 토대를 마련해 줍니다. 그들은 기회를 사용하지 않은 자들이고, 하나님의 약속을 무시한 자들이라는 것입니다. 약한 자들에게 희망을 주기 위해 선포한 메시지가 오히려 그들에 대한 억압을 정당화시키는 무시무시한 부메랑이 되어 우리 사회를 짓누르고 있습니다. 세례 요한은 그렇게 살지 않았습니다. 자신의 사명을 깨달았고 그 사명 감당하며 살다가 목숨을 바쳤습니다. 우리도 그렇게 살아야 합니다.

예수님은 하나님이 친히 준비하신 속죄제물이시다.

세례 요한은 자신에게 나아오시는 예수님을 보고 "보라 세상 죄를 지고 가는 하나님의 어린 양이로다"라고 고백합니다. '세상 죄를 지고 가는'이란 '세상 사람들의 죄를 처리하는'이라는 뜻입니다. 즉 속죄 제물로서의 어린양을 뜻합니다. '하나님의' 어린양이라는 것은 하나님이 직접 준비하신 어린양이라는 뜻입니다. 속죄 제사를 드리는 날이면 많은 사람들이 제사장에게 제물로 바칠 어린양을 가져왔습니다. 그러면 제사장은 양들을 구분하기 위해 그것을 가져온 사람의 이름을 따서 그 양들을 '요셉의 어린양,' '시몬의 어린양' 등으로 불렀습니다.

그런데 예수님은 '하나님의' 어린양입니다. 즉 우리를 위한 십자가의 속죄 제사를 위해 하나님께서 직접 준비해 주신 어린양이십니다. 인간은 죄 문제를 스스로 해결할 수 없습니다. 죄인이 다른 죄인을 위해 대신 죽을 수는 없기 때문입니다. 오직 흠 없고 완전하신 하나님의 아들만이 우리의 죄를 위한 속죄 제물이 되실 수 있었습니다.

구약의 속죄 제사는 예수님이 드리실 참된 제사의 모형이요 그림자였을 뿐입니다. 구약의 제사는 다만 하나님과 유대인들이 특별한 관계 속에 있다는 사실을 확인해 주는 것이었을 뿐 그 자체가 죄를 사할 수는 없었습니다. 하지만 이제 드디어 하나님이 직접 준비해 주신 제물이신 예수님이 세상에 오셨습니다. 그리고 십자가에서 온전한 속죄 제물로서 죽어주셨습니다. 이것이 '하나님의 어린양'이라는 말씀의 의미입니다. 우리를 위해 자신의 아들을 속제 제물로 준비해 주신 하나님을 찬양합시다.

03

요한복음 1:35-51

45 빌립이 나다나엘을 찾아 이르되 모세가 율법에 기록하였고 여러 선지자가
기록한 그이를 우리가 만났으니 요셉의 아들 나사렛 예수니라
46 나다나엘이 이르되 나사렛에서 무슨 선한 것이 날 수 있느냐 빌립이 이르
되 와서 보라 하니라

정직하고 단순하게 예수님을 소개하자

본문은 예수님께서 제자들을 부르시는 장면을 소개해 주고 있습니다. 그 중에서 빌립이 나다나엘을 찾아가 그에게 예수님을 소개하는 장면이 참 재미있습니다. 빌립은 나다나엘에게 "모세가 율법에 기록하였고 여러 선지자가 기록한 그이"를 자신이 만났다고 말합니다(45절). 자신이 만난 예수님이 구약이 예언하고 있는 그 메시야이심이 틀림없다는 것입니다.

그런데 소개의 마지막 부분에서 그분이 누구냐 하면 바로 "요셉의 아들 나사렛 예수"라고 말합니다. 그런데 예수님이 나사렛 출신

이라는 사실은 그 당시에 결코 자랑할 만한 일이 아니었습니다. 나사렛은 갈릴리 지역에서도 촌동네로 불리는 곳이었는데, 갈릴리라는 지역 자체가 그 당시 유대인들에게는 몹시 무시를 받던 곳이었습니다. 이를테면 헤롯 대왕의 아들인 아켈라오는 백성들을 몹시 잔인하게 통치했습니다(마 2:22). 그렇기 때문에 로마 황제에 의해 왕위에서 쫓겨나 귀양살이를 하게 되었습니다. 그런데 그가 귀양살이를 하던 곳이 바로 갈릴리 지역이었습니다. 나중에 헤롯 안디바 역시 갈릴리 지역에서 귀양살이를 했습니다. 유대인들은 갈릴리에서는 선지자가 나오지 못하였다고 생각하고 있었습니다(요 7:52).

그러므로 예수님이 나사렛 출신이라는 사실은 결코 자랑할 만한 일이 아니었습니다. 하지만 빌립은 자기가 예수님에 대해 알고 있던 것을 가감 없이 그대로 나다나엘에게 전했습니다. 그리고 그 말을 들은 나다나엘 역시 자기의 생각을 솔직하게 표현합니다. "나사렛에서 무슨 선한 것이 날 수 있느냐?"(46절). 이 말을 들은 빌립은 순간 당황했을 것입니다. 그런데 빌립이 가만히 생각해 보니 그 말이 맞는 것 같습니다. 자신이 가진 지식으로는 나다나엘에게 반박을 할 수 없습니다. 하지만 자신 속에 있는 예수님에 대한 감동은 속일 수가 없었습니다. 그래서 그는 어떤 논리적인 변론을 하는 대신 그저 "와서 보라"라고 말합니다.

이들의 대화는 순박한 농부들의 대화 같습니다. 빌립은 자신이 알고 있는 대로 솔직하게 예수님을 나다나엘에게 전했습니다. 나다나엘의 반박에 적절하게 대처할 말이 생각나지 않았지만 물러설 수는 없었습니다. 그래서 그저 "와서 보라"라고 말합니다. 나다나엘은 논리적으로는 이해가 되지 않았지만 전부터 잘 알고 있던 빌립을 신뢰했고, 그래서 예수님께로 갔습니다. 예수님은 그를 맞아 주셨고, 그의 순수성을 칭찬하시며 제자로 받아 주셨습니다.

우리도 예수님을 전할 때 그렇게 해야 합니다. 자기가 잘 모르는 이론적인 내용을 들먹일 필요는 없습니다. 그저 자기가 아는 그대로의 예수님을 전하면 됩니다. 그러면 예수님께서는 그 사람을 만나 주시고, 그에게 감동을 주시고, 그를 하나님의 자녀로 영접해 주십니다. 나는 예수님을 어떤 분으로 알고 있습니까? 내가 알고 있는 그 예수님을 진솔하게 이웃에게 전하고 있습니까?

04

요한복음 2:1-11

3 포도주가 떨어진지라 예수의 어머니가 예수에게 이르되 저들에게 포도주가
없다 하니
4 예수께서 이르시되 여자여 나와 무슨 상관이 있나이까 내 때가 아직 이르
지 아니하였나이다

예수님의 융통성

본문은 예수께서 갈릴리 가나에서 물로 포도주를 만드시는 기적을 보여줍니다. 아마도 가장 잘 알려진 예수님의 기적들 중 하나일 것입니다. 이 기적은 예수님이 인간의 육체나 영혼뿐만 아니라 자연 만물에 대해서도 권능을 가진 분이라는 사실을 보여줍니다.

그런데 이 기적이 우리에게 잘 보여주는 것이 또 있습니다. 그것은 예수님의 융통성입니다. 잔치가 한창 진행 중인데 그들에게 포도주가 떨어졌습니다. 이것은 매우 심각한 일이었습니다. 그래서 예수님의 어머니 마리아는 예수님께 그 사실을 알려 드립니다. 예

수님께서 기적을 통해 그들의 문제를 해결해 주실 것을 기대했을 것입니다. 하지만 그에 대한 예수님의 대답은 "내 때가 아직 이르지 아니하였나이다"(4절)라는 말씀이었습니다. 이 말씀의 표면적인 의미는 승낙입니까, 아니면 거절입니까? 분명히 거절입니다. 아직은 공개적인 기적을 통해 자신이 메시야임을 드러낼 때가 아니라는 것입니다. 그러나 예수께서는 그들의 긴박한 필요를 외면하지 않기로 결정하셨습니다. 그들에게 정말로 포도주가 떨어지게 되면 그것은 큰 낭패입니다. 그런 일이 생기도록 내버려 두실 수는 없었습니다.

그래서 예수님께서는 마리아가 원했던 대로 공개적인 기적을 통해 자신을 드러내는 것도 아니고, 그렇다고 해서 곤란에 처한 사람들을 무시하는 것도 아닌 그 중간의 방법을 택하십니다. 그것은 소규모의 사람들에게만 자신의 기적을 알린 채 그들의 곤란한 상황을 해결해 주시는 것이었습니다. 지금 기적이 발생한 사실을 아는 사람들은 예수님의 어머니와 제자들 그리고 물 떠온 하인들이 전부였습니다. 하지만 포도주의 문제는 깨끗이 해결되었습니다. 이것이 예수님의 융통성입니다.

하나님은 우리의 삶 속에서도 이렇게 일을 하십니다. 우리는 자신이 생각하는 어떤 한 가지 방법이 아니면 다른 길은 없다고 생각합니다. 그런데 그 한 가지 방법이라는 것이 때로는 하나님의 뜻과 맞지 않는 것처럼 보일 때가 있습니다. 그럴 때는 이제 내게는 해결책도 희망도 없다고 포기해 버립니다. 하나님께 기대할 것도 없기 때문에 기도도 드리지 않습니다. 하지만 그것은 나의 오해입니다.

하나님께서는 융통성을 발휘하셔서 내 문제를 해결해 주십니다. 하나님이 세우신 원칙을 깨뜨리지 않으면서도 나의 간절한 필요가 채워질 수 있게끔 역사해 주십니다. 예수님은 융통성의 대가이십니다. 내가 포기했다고 해서 정말로 해결책이 없는 것은 아닙니다. 우리는 하나님을 온갖 규정들이 빽빽하게 적혀 있는 법전처럼 생각하는 경향이 있는데 틀린 생각입니다. 하나님은 인격체이시고 우리의 상황과 소원을 지극히 존중하는 분이십니다. 절실하긴 하지만 그만 포기해 버렸던 나의 인생의 문제가 있습니까? 예수님께 다시 한 번 말씀드려 보기 바랍니다. 예수님께는 멋진 해결책이 있을 것입니다.

05

요한복음 2:12-25

14 성전 안에서 소와 양과 비둘기 파는 사람들과 돈 바꾸는 사람들이 앉아 있
는 것을 보시고
15 노끈으로 채찍을 만드사 양이나 소를 다 성전에서 내쫓으시고 돈 바꾸는
사람들의 돈을 쏟으시며 상을 엎으시고
16 비둘기 파는 사람들에게 이르시되 이것을 여기서 가져가라 내 아버지의
집으로 장사하는 집을 만들지 말라 하시니

이방인들에 대한 예수님의 배려

본문은 예수님께서 예루살렘 성전을 정결케 하시는 모습을 보여 줍니다. 성전 외부의 뜰은 크게 세 부분으로 나누어져 있었습니다. 성전 건물과 가장 가까운 안쪽 부분은 유대인 남자들의 뜰이었습니다. 이방인 중에서도 하나님을 믿어 할례를 받은 자들 즉 이방인 개종자들과 혈통적인 유대인 남자들은 이곳까지 들어와서 예배에 참여할 수 있었습니다. 다른 사람들이 이곳에 들어올 경우 그들은

죽음의 형벌을 피할 수 없었습니다. 그것은 심지어 로마인이라 할지라도 예외가 없었습니다.

그 다음 공간은 유대인 여인들의 뜰이었습니다. 그곳에 열세 개의 헌금함이 놓여 있었습니다. 헌금함의 입구는 나팔처럼 되어 있어서 동전을 쉽게 헌금함에 넣을 수 있었습니다. 그리고 가장 외곽에 위치한 공간은 이방인의 뜰이라는 곳이었습니다. 이곳은 이방인들 중에서 하나님을 믿기는 하지만 아직 할례는 받지 못한 자들이 예배를 드리는 곳이었습니다. 그들은 흔히 '하나님을 경외하는 사람들'이라고 불렸습니다(행 13:16).

그들이 할례를 받지 못한 이유는 당시 할례를 받는다는 것은 매우 위험하고 힘든 일이었기 때문입니다. 항생제가 없던 시대에 할례는 매우 위험한 시술이었고 또 마취제도 없었기 때문에 어른이 된 사람이 할례를 받는다는 것은 엄청난 고통을 각오해야 하는 일이었습니다(창 34:25). 또 유대인끼리는 할례가 자연스러운 것이었지만 이방인들 사이에서는 할례를 매우 야만적인 풍습으로 여겼기 때문에 일단 할례를 받고 나면 자신의 동족들로부터는 따돌림을 당할 수밖에 없었습니다. 그렇기 때문에 많은 이방인들은 하나님을 믿기는 하면서도 할례는 받지 못한 상태로 지내고 있었습니다. 그리고 그들을 위한 예배공간이 바로 이방인의 뜰이었습니다.

그런데 유대인들은 자신들과 자신들의 아들, 딸들이 예배할 장소는 깨끗하게 유지했지만 이방인의 뜰은 장사하는 곳을 만들어 버렸습니다. 비싼 권리금을 받고 상인들에게 자리를 나누어 준 것입니다. 그 결과 하나님을 믿는 이방인들은 먼 곳에서 예루살렘까지 고생을 하며 찾아왔으면서도 하나님께 예배를 드릴 수 있는 공간을 얻지 못했습니다. 그들은 돈 바꾸는 자들과 짐승들 사이에서 이리저리 쫓겨 다니며 예배를 드려야 했습니다.

예수님께서는 이 광경을 보시고 크게 분노하셨습니다. 그래서 예수님께서는 "내 집은 만민의 기도하는 집이라 칭함을 받으리라고 하지 아니하였느냐 너희는 강도의 굴혈을 만들었도다"(막 11:17)라고 말씀하셨습니다. "만민의 기도하는 집"이라는 표현을 쓰신 것은 유대인들이 장사를 하고 있는 그 장소가 원래 이방인들을 위한 공간이었기 때문입니다. 그리고 예수님의 행위에 대해 항의하는 자들에게 "이 성전을 헐라"(요 2:19)라고 말씀하십니다. 하나님의 뜻을 어기고 이방인들을 업신여기는 성전은 더 이상 참된 성전이 될 수 없습니다.

요즘의 교회는 어떻습니까? 교회는 만민을 위한 곳이어야 합니다. 하나님께서는 이 사회의 가난한 자들, 못 배운 자들, 외국인들, 장애인들이 아무런 방해도 받지 않고 교회에 나와 하나님을 섬길 수 있기를 바라십니다. 그런데 과연 오늘날의 교회는 그런 모습을 가지고 있습니까? 가진 자들의 교회, 배운 자들의 교회, 버젓한 직업을 가진 자들의 교회의 모습으로 만족하고 있지는 않습니까? 교회는 모든 이들을 위한 곳이 되어야 합니다.

06

요한복음 3:1-21

3 예수께서 대답하여 이르시되 진실로 진실로 네게 이르노니 사람이 거듭나
지 아니하면 하나님의 나라를 볼 수 없느니라
4 니고데모가 이르되 사람이 늙으면 어떻게 날 수 있사옵나이까 두 번째 모
태에 들어갔다가 날 수 있사옵나이까

진리를 위해 나의 자랑을 버려야 할 때

유대인의 지도자이자 바리새인인 니고데모라 하는 사람이 밤에 예수님을 찾아왔습니다. 그가 하나님의 나라에 대해 관심이 있는 것을 아신 예수님께서는 그가 묻기도 전에 "사람이 거듭나지 아니하면 하나님의 나라를 볼 수 없느니라"라고 말씀하십니다(3절). 그런데 니고데모는 거듭남에 대한 예수님의 이 말씀을 들은 후 "어찌 이러한 일이 있을 수 있나이까"(9절)라고 묻습니다.

니고데모의 질문은 단순히 어떻게 그런 일이 가능하냐고 묻는 것이 아니었습니다. 그의 질문은 예수님의 대답에 대한 거부감을 드

러내는 것이었습니다. 왜냐하면 그는 결국 예수님을 따르지 않았기 때문입니다. 그렇다면 그가 왜 거듭남의 교훈에 대해 거부감을 가지고 있었을까요? 거듭난다는 것은 지금 현재의 삶이 완전히 죽는 것, 즉 현재 자신의 모든 기득권을 포기함을 의미하기 때문입니다.

니고데모는 자신의 신앙생활, 자신의 지금까지의 삶에 대해 상당한 자부심을 가지고 있었습니다. 하지만 예수님의 설명에 따르자면 자신이 지금까지 귀하게 여겨 온 일들은 아무런 가치도 없는 일이었습니다. 그것들의 무가치함을 받아들이고 나서야 하나님의 나라를 볼 수 있게 됩니다. 니고데모는 이것을 도저히 받아들일 수 없었습니다.

하나님의 말씀을 들을 때 그것이 진리임을 받아들이면 지금까지 내가 소중하게 여겨 왔던 것들을 모두 허물어야 할 때가 있습니다. 그렇기 때문에 어린아이들은 하나님의 말씀을 잘 받아들입니다. 왜냐하면 그들에게는 허물고 부수어야 할 것이 별로 없기 때문입니다. 그러나 어른들에게는 때로는 하나님의 말씀을 받아들인다는 것이 지난 몇 십 년 동안 자신이 해 온 일, 자신이 뼈를 깎는 노력을 기울여 왔던 일들이 무가치한 일임을 고백해야 하는 것을 의미합니다. 그렇기 때문에 그들은 이론적으로는 진리를 알면서도 그것을 받아들이려 하지 않습니다.

그러나 우리는 용기를 내어 진리를 선택해야 합니다. 무가치한 과거가 아깝다고 해서 그것을 부둥켜안고 살면, 그의 남은 인생은 정말로 무가치한 쓰레기가 됩니다. 그러나 과감히 진리를 붙들면 하나님께서는 우리의 무가치했던 과거에 대해 새로운 의미를 부여해 주십니다. 그것이 어떻게 가능하겠냐고 의심이 생길 수도 있습니다. 그러나 하나님께서는 분명히 모든 것을 합력하여 선을 이루겠다고 약속하셨습니다(롬 8:28).

모세의 예

모세를 생각해 보십시오. 모세가 사십 년 동안 광야에서 양을 쳤을 때 그의 문제는 그 세월의 의미가 뭐냐는 것이었을 겁니다. 우리는 지금 모세의 전 인생을 다 알고 있기 때문에 모세의 목자 생활이 큰 의미를 지닌 시간이라는 것을 압니다. 그가 하나님의 종으로 다듬어지는 시간이었습니다. 하지만 모세는 그것을 몰랐습니다. 사십 년이 흐른 후 가시떨기나무 가운데서 하나님께서 그에게 나타나셨을 때, 하나님께서는 그에게 지난 세월의 의미를 설명해 주시는 대신 그저 사명을 주시고 바로에게 가라고만 하십니다.

하나님의 명령에 대한 모세의 거부는 자신의 지난 세월이 무의미에 묻히게 되는 것에 대한 거부였을 것입니다. 하지만 모세는 결국 순종합니다. 지난 고통의 세월에 대한 하나님의 설명이 전혀 없었지만 하나님의 명령에 그대로 순종하기로 결심합니다. 그리고 오랜 세월이 지난 후 그의 목자 생활은 의미를 갖게 됩니다. 하지만 만약 그 때 그가 계속 순종하기를 거부했다면 어떻게 되었을까요? “나는 하나님이 나의 지난 사십 년에 대해 속 시원한 설명을 해 주시기 전에는 여기서 한 발자국도 움직일 수 없다”라고 말하며 고집을 부렸다면 어떻게 되었을까요? 아마 그의 인생은 정말로 끝까지 무의미 속에 방치되었을 것입니다.

때로는 진리를 위해, 하나님의 말씀에 순종하기 위해 나의 지금까지의 삶을 모두 버려야 합니다. 상상할 수 없는 아픔이고, 정말 너무나 잔인한 일이지만 그렇게 해야 합니다. 하지만 하나님은 진리를 선택하기 위하여 아픔을 각오하는 자를 결코 허탈감 속에 내버려두시지 않으실 것입니다. 용기를 냅시다.

07

요한복음 3:22-36

26 그들이 요한에게 가서 이르되 랍비여 선생님과 함께 요단 강 저편에 있던
이 곧 선생님이 증언하시던 이가 세례를 베풀매 사람이 다 그에게로 가더이
다
27 요한이 대답하여 이르되 만일 하늘에서 주신 바 아니면 사람이 아무 것도
받을 수 없느니라
28 내가 말한 바 나는 그리스도가 아니요 그의 앞에 보내심을 받은 자라고 한
것을 증언할 자는 너희니라

세례 요한의 겸손한 자세

예수님의 제자들과 세례 요한은 함께 사역을 하지는 않았지만 사람들에게 회개를 촉구하고 그 표시로 그들에게 세례를 베푸는 일을 했습니다. 요한이 아직 옥에 갇히지 않았다는 것은(24절) 그가 헤롯 안디바에 의해 체포되기 전이었다는 뜻입니다. 얼마 후 세례 요한은 헤롯 대왕의 아들인 헤롯 안비다에 의해 체포되어 요단강 동편에 있던 마케루스 요새라는 곳에서 죽게 됩니다. 헤로디아의

딸인 살로메가 안비다의 생일잔치에서 춤을 춘 후 세례 요한의 목을 요구했기 때문입니다(마 14:8).

26절은 세례 요한의 제자들이 예수님의 사역에 대해 그들의 스승에게 보고를 하는 것을 보여줍니다. 그들은 사람들이 자신들보다 예수님께 더 많이 몰리고 있다는 다소 질투가 섞인 보고를 했습니다. 그러자 세례 요한은 28절에서 "나의 말한 바 나는 그리스도가 아니요 그의 앞에 보내심을 받은 자라고 한 것을 증언할 자는 너희니라"라고 대답합니다.

우리는 이 말에서 세례 요한이 얼마나 겸손한 사람이었는지를 볼 수 있습니다. 25절에 보면 세례 요한의 제자 중 한 사람과 어떤 유대인 사이에 변론이 있었습니다. 그리고 26절에서 제자들은 예수님의 세례에 대해 세례요한에게 질문을 던집니다. 그러므로 25절에 나타난 유대인과의 변론의 내용은 아마도 예수와 세례요한을 비교하는 내용이었을 것입니다. 세례 요한과 예수님 중에서 누가 더 위대한 자일까?

이에 대해 세례요한은 자신이 예수님보다 열등한 존재임을 분명히 밝힙니다. 그냥 '내가 열등한 존재이다'라고 말하는 정도가 아닙니다. 그는 자신이 예수님보다 열등한 존재라는 사실을 다른 이들에게 증거할 자는 바로 너희들, 즉 나의 제자들이라고 말합니다. 자기 입으로 자신의 열등성을 고백하는 것도 쉬운 일이 아닙니다. 그런데 자신을 신뢰하고 따르던 제자들에게 자신의 열등성을 다른 사람들에게 전하라고까지 독려하고 있는 것입니다. 대단한 겸손입니다. 제자들은 이 말을 듣고 어안이 벙벙했을 것입니다.

세례 요한은 어떻게 그렇게 할 수 있었습니까? 자신의 사명이 무엇인지를 명심하고 있었기 때문입니다. 자신은 광야에서 메시야의 길을 예비하는 자입니다(요 1:23). 그렇기 때문에 자신을 높일 이유가 없습니다. 그는 예수 그리스도를 높이기 위해서라면 못할 일이 없습니다. 그 일이 자신의 사명이기 때문입니다.

우리의 사명은 서로 다릅니다. 그러나 공통된 목표가 있는데 그것은 바로 하나님의 영광입니다. 우리는 하나님의 영광을 위해 삽니다. 그런데 내가 목표로 삼는 것이 참으로 하나님의 영광이라면, 그것을 위해 내가 낮아짐을 당한다 해도 아무런 거리낌이 없어야 할 것입니다. 우리는 과연 세례 요한처럼 겸손하게 살고 있습니까?

08

요한복음 4:1-26

16 이르시되 가서 네 남편을 불러 오라
17 여자가 대답하여 이르되 나는 남편이 없나이다 예수께서 이르시되 네가 남
편이 없다 하는 말이 옳도다
18 너에게 남편 다섯이 있었고 지금 있는 자도 네 남편이 아니니 네 말이 참
되도다

사마리아 여인의 상처를 치료하심

예수님께서는 남쪽 유대 지역에서 북쪽 갈릴리 지역으로 여행을 하셨습니다. 그 중간에 사마리아라는 지역이 있는데 유대인들은 그곳의 주민들을 무시하고 그들과의 접촉을 피했습니다. 왜냐하면 그들은 종교적, 혈통적으로 순수성을 지니지 못했다고 여겨졌기 때문입니다. 그래서 유대인들은 일반적으로 사마리아 지역의 동부를 빙 돌아서 갈릴리로 가는 길을 선호했습니다. 하지만 예수님께서는 사마리아 지역을 가로질러 북쪽 갈릴리로 가셨습니다. 예

루살렘에서 갈릴리까지는 성인 남자가 걸어서 갈 경우 이박삼일이 걸리는 거리입니다.

사마리아 지역 중간쯤에 수가성이라는 곳이 있습니다. 예수님께서는 그곳에서 사마리아 여인을 만나십니다. 예수님은 처음에는 종교적인 대화를 나누시다가 갑자기 이상한 명령을 하십니다. 그녀에게 "가서 네 남편을 불러오라"(16절)라고 하신 것입니다. 그런데 이 여인은 지금 여섯 번째 남자와 살고 있는 중이었습니다(18절). 여인이 물을 달라 하는데 예수님께서는 그녀의 가장 깊은 상처를 건드리신 것입니다.

예수님이 왜 이런 질문을 하셨을까요? 그녀에게는 너무 잔인한 질문이 아니었겠습니까? 아닙니다. 예수님은 그녀 자신을 위해 그런 질문을 하신 것입니다. 우리의 가장 깊은 문제가 하나님 앞에서 겉으로 드러나지 않고는 삶의 온전한 치료가 있을 수 없기 때문입니다. 이 여인은 얼마 후 동네 사람들에게 메시야를 전하는 전도자가 됩니다. 하지만 만약 예수님이 지금 자신의 과거를 드러내는 질문을 하지 않으셨다면 나중에 전도자가 된 다음에도 "그 때는 예수님이 나의 과거를 모르시니까 내게 그렇게 친절히 대해 주시고, 나에게 사명을 주신 걸 거야. 언제라도 내 과거를 알게 되신다면 나를 버리실 지도 몰라"라고 생각했을 것입니다. 하지만 이제는 예수님이 그녀의 가장 부끄럽고 아픈 과거를 알면서도 자신을 용납해 주셨음을 압니다. 그렇기 때문에 아무 것도 두려워 할 것이 없습니다.

우리의 삶에서도 마찬가지입니다. 흔히 하나님께서는 우리를 일터로 보내시기 전에 어떤 아픔을 겪게 하십니다. 그리고 그 아픔을 통해 나 자신도 잘 몰랐던 나의 적나라한 모습이 겉으로 드러나게 하십니다. 우리는 그 때 괴로워 어쩔 줄을 몰라 합니다. 그 추한 모습을 보지 않기 위해서라면 무슨 짓이건 다 할 수 있을 것입니다. 하지만 하나님께서는 우리가 당하는 아픔을 통해 우리로 하여금 나의 가장 수치스러운 모습을 또렷이 보게 하십니다.

이것은 우리의 기를 죽이기 위한 것이 아닙니다. 우리가 그런 부족한 자임에도 불구하고 그것을 용납하시고 우리를 불러 주셨다는 것을 알려 주시기 위한 것입니다. 나의 죄와 수치를 깨달았으면 하나님 앞에 나와 회개하면 됩니다. 그리고 힘차게 일을 시작하면 됩니다. 우리 모두는 오직 하나님의 은혜로 살고 있습니다. 과거를 치유 받고 힘찬 전도자가 된 이 사마리아 여인처럼 말입니다.

09

요한복음 4:27-42

36 거두는 자가 이미 삯도 받고 영생에 이르는 열매를 모으나니 이는 뿌리는
자와 거두는 자가 함께 즐거워하게 하려 함이라
37 그런즉 한 사람이 심고 다른 사람이 거둔다 하는 말이 옳도다
38 내가 너희로 노력하지 아니한 것을 거두러 보내었노니 다른 사람들은 노
력하였고 너희는 그들이 노력한 것에 참여하였느니라

자존심을 내려놓은 수가성 여인의 전도

예수님과의 대화를 통해 예수님이 메시야이심을 확신하게 된 사마리아 여인은 자신의 동네에 들어가 사람들에게 전도를 합니다. 그런데 이 여인이 외치는 메시지가 참 독특합니다. "나의 행한 모든 일을 내게 말한 사람을 와서 보라 이는 그리스도가 아니냐." 이 여인에게 남자를 다섯 번이나 갈아치우고 지금 여섯 번째 남자와 살고 있다는 사실은 결코 자랑스러운 일이 아니었을 것입니다. 사람들에게 매일 손가락질과 업신여김을 당하는 이유가 바로 그것이었

을 것입니다.

그런데 바로 그 사실을 사람들에게 자신의 입으로 외치고 있는 것입니다. 참된 메시야를 발견했다는 기쁨 때문에, 그녀는 자신의 수치를 아랑곳하지 않고 드러내며 다른 이들에게 예수님을 전하고 있는 것입니다. 이런 그녀의 모습은 예수님을 참으로 기쁘게 했을 것입니다.

제자들이 예수님께 음식 잡수시기를 권했을 때 예수께서는 "내게는 너희가 알지 못하는 먹을 양식이 있느니라"(33절)라고 말씀하십니다. 그 양식이 무엇일까에 대해 제자들이 수군거리자 예수께서는 "나의 양식은 나를 보내신 이의 뜻을 행하며 그의 일을 온전히 이루는 이것이니라"(34절)라고 설명해 주십니다. 다시 말해서 우리식으로 표현하자면 '아버지께서 나를 보내신 뜻이 사람들을 구원하라는 것인데, 저 여인이 저렇게 전도하는 것을 보니 나는 지금 아무것도 먹지 않아도 배가 부르다'라는 것입니다. 우리도 이 여인처럼 예수님의 기쁨이 될 수 있기를 바랍니다.

전도의 종합적 성격

예수님께서는 이어서 전도에 대해 제자들을 가르치십니다. 우리가 예수님을 믿으면서도 가장 힘들어하는 것이 전도입니다. 그런데 그 이유 중의 하나는 전도의 성패가 나에게 달려 있다고 생각하기 때문입니다. 그렇기 때문에 필요이상으로 긴장하게 됩니다. 하지만 예수님께서는 전도의 성패가 나에게 달려 있다고 말씀하지 않으십니다. 예수님께서는 "내가 너희로 노력지 아니한 것을 거두러 보내었노니"(38절)라고 말씀하십니다.

이것은 전도자에게 심각한 도전을 주는 말씀입니다. 전도자는 자신의 노력으로 사람들을 구원했다고 생각합니다. 그런데 지금 예수님께서는 우리의 수고는 전도의 긴 과정의 일부에 지나지 않는다고 말씀하십니다. 힘든 수고와 노력은 전도하기 전에 씨를 뿌리고 물을 준 다른 사람들이 한 것입니다. 최종의 전도자는 다만 그들의 수고에 참여할 뿐입니다. 그러므로 전도자는 자신이 모든 일을 다 한 것처럼 교만할 것도 없고, 자신이 하기에 따라 전도의 성패가 결정되는 것처럼 긴장할 필요도 없습니다. 우리는 다만 순종하는 마음으로 사람들에게 다가가서 주님의 복음을 전하면 됩니다. 전도합시다.

10

요한복음 4:43-54

46 예수께서 다시 갈릴리 가나에 이르시니 전에 물로 포도주를 만드신 곳이
라 왕의 신하가 있어 그의 아들이 가버나움에서 병들었더니
47 그가 예수께서 유대로부터 갈릴리로 오셨다는 것을 듣고 가서 청하되 내
려오셔서 내 아들의 병을 고쳐 주소서 하니 그가 거의 죽게 되었음이라
48 예수께서 이르시되 너희는 표적과 기사를 보지 못하면 도무지 믿지 아니
하리라

사마리아와 갈릴리

예수님께서 사마리아를 통과하여 드디어 갈릴리 지역으로 오셨습니다. 그런데 본문 첫 부분이 얼핏 보면 조금 이상합니다. 44절에서 예수님께서는 "선지자가 고향에서는 높임을 받지 못한다"라고 말씀하시는데 45절은 "갈릴리에 이르시매 갈릴리인들이 그를 영접하니"라고 하고 있기 때문입니다. 예수님은 갈릴리 나사렛 출신으로 알려져 있었습니다. 그런데 선지자가 고향에서 높임을 받지

못한다고 하셨는데 지금 '고향'인 갈릴리에서 환영을 받으십니다. 이것은 모순 아닙니까?

이것은 어려운 문제이기 때문에 성경해석자들이 여러 가지 해결책을 제시합니다. 그 중에서 가장 설득력 있는 해결방법은 여기서 '고향'을 갈릴리가 아니라 유대인들의 나라인 '이스라엘' 전체로 보는 것입니다. 그리고 이스라엘과 사마리아를 비교하는 것입니다. 예수님은 지금 막 유대인들이 이방인의 땅으로 취급한 '사마리아'를 거쳐서 오셨습니다. 그곳에서 예수님은 메시야로 인정을 받으시고 진심 어린 환대를 받으셨습니다. 그러나 지금 고향인 갈릴리에서는 그것보다 훨씬 못한 영접을 받고 계십니다. 그들은 단지 예수님이 예루살렘에서 하신 일을 보고 그를 맞았을 뿐입니다(45절)

우리가 완전하지 않아도 은혜를 베푸신다

갈릴리에서 왕의 신하는 예수님께 자신의 아들을 고쳐 달라는 청을 드렸습니다(47절). 그러자 예수님께서는 48절에서 "너희는 표적과 기사를 보지 못하면 도무지 믿지 아니하리라"라고 말씀하십니다. 이런 말씀을 하시는 의도가 무엇입니까? 표적과 기사를 구하는 믿음은 낮은 수준의 믿음이라는 것입니다. 늘 그런 것만 쫓아다니는 자들은 각성해야 한다고 비판하고 계신 것입니다. 그러나 이렇게 비판을 하셨음에도 불구하고 예수님께서는 당장 급박한 상황에 처해 있는 사람들의 필요를 채워 주셨습니다. 그 환자를 치료해 주신 것입니다.

여기서 우리는 안심하게 됩니다. 예수님은 우리가 완전하지 않더라도 우리의 필요를 채워 주시는 분임을 알 수 있기 때문입니다. 우리가 간절한 소원을 가지고 하나님께 기도를 드리면서도 왜 초조해 하고 불안해합니까? 내가 너무 형편없는 자라는 것을 잘 알기 때문입니다. 이런 나에게 하나님께서 그런 엄청난 은혜를 베푸실 것이라는 사실이 믿어지지 않기 때문입니다.

우리가 모든 면에서 부족한 자라는 것은 사실입니다. 때로는 심각한 죄인일 수도 있습니다. 하나님께서 그것이 아무 것도 아니라고 하시지는 않습니다. 하지만 그럼에도 불구하고, 그 모든 것들에 대해 나를 비판하심에도 불구하고, 하나님은 나의 간절한 소원에 대해서 눈을 감지 않으십니다. 우리의 간절한 필요를 채워주십니다. 하나님은 우리가 완전해야만 기도에 응답해 주시는 분이 아닙니다. 우리가 기도 응답을 받는 것은 하나님의 은혜 때문입니다. 자비로우신 하나님을 찬양합시다.

11

요한복음 5:1-18

14 그 후에 예수께서 성전에서 그 사람을 만나 이르시되 보라 네가 나았으니
더 심한 것이 생기지 않게 다시는 죄를 범하지 말라 하시니
15 그 사람이 유대인들에게 가서 자기를 고친 이는 예수라 하니라
16 그러므로 안식일에 이러한 일을 행하신다 하여 유대인들이 예수를 박해하
게 되지라

요한복음과 다른 세 복음서들의 차이

예수님께서는 갈릴리 지역으로 올라가신 후 그곳을 근거지로 하여 약 2년 동안 활동하셨습니다. 마태, 마가, 누가복음은 그 기간 동안 북쪽 갈릴리에서 하신 일들을 자세히 소개하고 있습니다. 하지만 요한복음은 그 기간 동안 예수님께서 남쪽 유대 지역에서 하신 활동들을 설명해 주고 있습니다(5-11장 대부분). 예수님께서는 갈릴리 사역 기간 동안에도 최소한 유대인의 삼대 절기(유월절, 오순절, 초막절) 때는 예루살렘에 올라오셨을 것입니다. 요한복음은

공관복음이 잘 소개하지 않았던 예루살렘에서의 사역을 집중적으로 소개해 주고 있습니다.

우리는 요한복음 4장에서 예수께서 사마리아를 통과해서 갈릴리로 올라가심을 보았기 때문에 5장부터는 갈릴리에서 하신 일이 소개될 것을 기대합니다. 하지만 요한복음은 5장 1절에서 "그 후에 유대인의 명절이 되어 예수께서 예루살렘에 올라가시니라"라고 하며 장소를 곧장 남쪽 예루살렘으로 바꾸고 있습니다. 요한복음이 예루살렘에서의 사역에 초점을 맞추고 있기 때문입니다.

요한복음이 이런 특징을 갖는 이유는 다른 복음서보다 늦게 쓰였기 때문입니다. 요한복음이 집필될 때는 이미 마태, 마가, 누가복음이 오래전부터 신자들에게 널리 읽혀지고 있었습니다. 그렇기 때문에 사도 요한은 세 복음서에 이미 나와 있는 내용은 쓰지 않고 안 나와 있는 내용을 쓰려고 했을 것입니다. 그래서 이를테면 세 복음서에 모두 나와 있는 귀신을 쫓아내는 사역은 요한복음에서는 단 한 번도 언급되지 않습니다. 반면에 요한복음에 나오는 기적들은 다른 복음서에는 없는 것들이 많습니다. 예를 들자면 요한복음 2장에 나오는 물로 포도주를 만드는 기적이라든가 11장에 나오는 죽은 나사로를 살리신 기적 같은 것들은 마태, 마가, 누가복음에는 등장하지 않습니다.

배은망덕한 자와 은혜를 아는 자

예수님께서는 예루살렘의 베데스다 못가에서 삼십팔 년 된 병자를 치료해 주셨습니다. 그런데 유대인들은 이 사실을 시빗거리로 삼았습니다. 왜냐하면 당시 유대인들의 전통에 따르자면 '썩은 무화과 한 개'보다 더 무거운 것은 안식일에 들 수 없었기 때문입니다. 하지만 예수님께서는 안식일에 환자를 치료해 주시고 그에게 자리(아마도 담요나 간단한 침구)를 들고 걸어가라고 하셨습니다. 그렇기 때문에 유대인들은 이를 문제로 삼았습니다.

그런데 병 고침을 받은 사람의 반응이 좀 이상합니다. 그는 마땅히 예수님께 감사했어야 합니다. 하지만 본문은 뜻밖의 사실을 보여 주고 있습니다. 15절을 보면 그는 유대인들에게 자신을 안식일에 고친 자가 예수님이라고 고자질을 합니다. 은혜를 원수로 갚은 것입니다. 그는 유대인들이 예수님에 대해 부정적인 견해를 가지고 있다는 것을 이미 알고 있었습니다(요 5:10). 그리고 예수님은 그에게 다시 나타나셔서 귀한 충고까지 해 주셨습니다(요 5:14). 하지만 그럼에도 불구하고 그는 유대인들에게 가서 고자질을 했습니다. 예수님은 아마도 섭섭하셨을 것입니다. 그 일로 인해 유대인들이 예수님을 박해하게 되었기 때문에(요 5:16) 예수님께서는 다시는 그에게 나타나지 않으셨습니다. 결국 그가 받은 은혜는 육체적인 치료가 전부였습니다. 영적인 유익은 전혀 얻지 못했습니다.

이 사건을 요한복음 9장에 등장하는 소경과 비교해 보기 바랍니다. 그 소경은 유대인들의 위협에도 불구하고 끝까지 예수님을 옹호했습니다(요 9:17,25,31). 유대인들은 예수님을 그리스도로 인정하는 자는 유대 공동체로부터 출교시키겠다고 위협했습니다. 그래서 심지어 그의 부모까지도 그 위협에 굴복했지만(요 9:22) 그 사람은 예수님을 부정하지 않았습니다. 그렇기 때문에 예수님은 그에게 또 다시 나타나셨고, 그는 결국 예수님께 대한 신앙을 고백하기까지 되었습니다(요 9:38). 그는 육체의 고침뿐만 아니라 영혼이 구원까지도 한꺼번에 받은 것입니다. 5장의 환자와 9장의 환자는 예수님의 병 고침의 은혜를 똑같이 받았지만 그들이 드러낸 반응의 차이 때문에 구원을 받거나 못 받는 엄청난 결과가 나타났습니다. 우리는 하나님이 이미 주신 은혜에 대해 충분히 감사하며 살고 있습니까? 하나님의 은혜에 늘 감사하며 끝까지 충성하는 자가 되어야 할 것입니다.

12

요한복음 5:19-30

26 아버지께서 자기 속에 생명이 있음 같이 아들에게도 생명을 주어 그 속에
있게 하셨고
27 또 인자 됨으로 말미암아 심판하는 권한을 주셨느니라
28 이를 놀랍게 여기지 말라 무덤 속에 있는 자가 다 그의 음성을 들을 때가
오나니
29 선한 일을 행한 자는 생명의 부활로, 악한 일을 행한 자는 심판의 부활로
나오리라

심판자의 자격

예수님께서는 본문에서 성부 하나님과 자신의 관계에 대해 설명하십니다. 예수께서는 아버지께서 행하시는 그 일을 행하고 계십니다(19절). 아버지께서 죽은 자들을 살리시는 것처럼 예수님도 자신이 원하는 자들을 살리십니다(21절). 아버지께서는 아들에게 심판을 맡기셨습니다(22절). 그것은 사람들이 하나님 아버지를 공경하는 것처럼 아들을 공경하게 하기 위해서입니다(23절). 그리고 예

수님의 심판이 의로운 이유는 예수님이 그를 보내신 아버지의 뜻대로 행하시기 때문입니다(30절).

예수님께서는 이와 같이 자신의 모든 사역이 자신을 세상에 보내신 성부 하나님과 밀접하게 연관되어 있음을 설명하십니다. 그런데 특별히 우리의 눈을 끄는 말씀이 있습니다. 그것은 27절의 "또 인자 됨으로 말미암아 심판하는 권한을 주셨느니라"라는 말씀입니다. 예수님이 인자(人子), 즉 사람의 아들이 되셨다는 것이 심판하는 권세가 예수님께 주어진 이유가 되었다는 것입니다.

예수님은 인간의 연약함과 인간들이 겪는 시험을 모두 겪으셨지만, 그럼에도 불구하고 무죄함을 지키셨습니다. "[예수님은] 모든 일에 우리와 똑같이 시험을 받으신 이로되 죄는 없으시니라"(히 4:15). 그렇기 때문에 그 예수님에 의해 심판을 받는 자들은 그 판결에 대해 이의를 제기할 수 없습니다. 만약 예수님이 사람의 아들이 되신 적이 없으셨다면 그분에게 유죄판결을 받은 자들이 "성자께서는 인간에게 닥치는 시련과 유혹이 얼마나 강한 것인지 모르시지 않습니까?"라고 불만을 제기할 수 있을지도 모릅니다. 하지만 이제는 그것이 불가능합니다. 예수님은 그들이 겪은 것과 똑같은 것을 세상에서 겪으셨기 때문입니다.

이것은 우리의 삶에도 그대로 적용됩니다. 하나님께서는 우리가 앞으로 돕고 섬겨야 할 사람들의 상황을 미리 이해하게 하기 위해, 우리로 하여금 그들의 아픔에 미리 동참하게 하시는 경우가 있습니다. 학대를 당해보지 못한 자가 학대 받는 자를 위로할 수 없고, 질병을 겪어 보지 못한 자가 환자들의 고통을 알 수 없습니다. 하나님의 일꾼들은 대개 자신이 나중에 돌봐야 할 사람들의 고통을 미리 맛봅니다. 과거에 내가 당했던 일의 의미를 그 때는 몰랐는데, 나중에 유용하게 그 경험이 사용된 예가 있지 않습니까? 마찬가지로 지금 우리가 겪고 있는 어려움도 하나님께서는 나중에 그것을 유용하게 사용하실 것입니다. 하나님의 뜻이 있으심을 믿고 지금의 아픔을 잘 견뎌야 하겠습니다. 하나님께서 모든 것을 선으로 바꾸어 주실 것입니다(롬 8:28).

13

요한복음 5:31-47

36 내게는 요한의 증거보다 더 큰 증거가 있으니 아버지께서 내게 주사 이루
게 하시는 역사 곧 내가 하는 그 역사가 아버지께서 나를 보내신 것을 나를
위하여 증언하는 것이요
37 또한 나를 보내신 아버지께서 친히 나를 위하여 증언하셨느니라 너희는
아무 때에도 그 음성을 듣지 못하였고 그 형상을 보지 못하였으며
38 그 말씀이 너희 속에 거하지 아니하니 이는 그가 보내신 이를 믿지 아니
함이라

예수님의 엄위하신 말씀

유대인들이 예수님을 죽이려고 한 이유는 그가 자신들의 안식일 규정을 범할 뿐 아니라 자신을 하나님과 동등으로 삼으셨기 때문입니다(18절). 예수님께서는 이에 대해 자신의 권위를 변호하십니다. 그런데 그 논리는 유대인들이 상상했던 것을 벗어나는 것이었습니다. 유대인들은 예수님이 어떤 다른 인물을 자신을 위한 증인으로 내세울 것을 기대했습니다. 그러나 예수님께서는 바로 하나

님 아버지 자신을 자신의 증인으로 내세우십니다(32절).

물론 세례 요한도 예수님에 대해 증언을 했습니다(33절). 그러나 예수님이 보실 때 그것은 별로 가치가 크지 않은 증언입니다. 왜냐하면 그것은 단지 사람의 증언이었기 때문입니다(34절). 예수님을 세상에 보내신 아버지 하나님의 증언이야말로 결정적인 것입니다(37절). 예수님께서는 그 아버지의 증언이 왜 확실하고 정확한 것인지를 설명하십니다. 예수님은 유대인들과는 달리 아버지의 음성을 들었고, 그 형상을 보았습니다(37절). 그렇기 때문에 그분이 자신의 증인이 되신다는 사실을 확실하게 증거할 수 있습니다.

그런데 이것은 유대인들의 입장에서 보자면 사실 증언이라기보다는 선포에 가까운 말씀입니다. 유대인들의 입장에서는 검증이 불가능한 사실을 증거로 제시하고 있기 때문입니다. 그러나 이것은 성경에서 자주 사용되고 있는 논리입니다. 하나님은 진리이십니다. 오직 그분께만 진리가 있습니다. 그러므로 진리를 설명해야 할 때는 그냥 그분의 권위에 의지하여 선포해야 할 때가 많습니다.

예를 들면 창세기 1, 2장이 그렇습니다. 하나님은 세상의 창조주이십니다. 그런데 이것을 어떻게 증명할 수 있습니까? 성경에는 변론이 아니라 다만 선포가 있을 뿐입니다. 우리는 그 부분을 읽을 때 하나님의 엄위를 느낍니다. 변론을 기대하는 인간들을 향해 "이 어리석은 자들아. 나는 세상의 창조자, 엄위한 자이다. 나의 창조 행위는 너희의 믿음의 대상이지 너희들의 논쟁의 대상이 아니다"라고 선포하시는 것 같습니다.

우리에게 진정 믿음이 있다면 이런 부분을 읽을 때 두렵고 떨림이 있어야 합니다. 이런 본문에서 우리는 예수님의 엄위하심을 느껴야 합니다. 그분은 창조주로서 우리에게 복음을, 구원의 길을 선포하고 계십니다. 그런데 우리는 이런 본문을 떨리는 마음으로 대하고 있습니까? 혹시 교만했던 유대인들처럼 예수님의 말씀을 논쟁의 대상으로 삼으려는 마음을 가지고 있지 않았습니까? 우리는 그분의 말씀을 항상 경외하는 마음으로 대해야 합니다.

14

요한복음 6:1-15

8 제자 중 하나 곧 시몬 베드로의 형제 안드레가 예수께 여짜오되
9 여기 한 아이가 있어 보리떡 다섯 개와 물고기 두 마리를 가지고 있나이다
그러나 그것이 이 많은 사람에게 얼마나 되겠사옵나이까
10 예수께서 이르시되 이 사람들로 앉게 하라 하시니 그 곳에 잔디가 많은지
라 사람들이 앉으니 수가 오천 명쯤 되더라
11 예수께서 떡을 가져 축사하신 후에 앉은 자들에게 나눠 주시고 물고기도
그렇게 그들의 원대로 주시니라

하나님은 우리의 헌신을 통해 역사하신다

본문은 유명한 오병이어의 기적, 즉 보리떡 다섯 개와 물고기 두 마리로 남자 어른만 오천 명을 먹이신 기적을 설명하고 있습니다. 여자와 아이들까지 합치면 대략 이만 명 정도가 되었을 것입니다. 이 기적은 예수님의 부활을 제외하고는 네 개의 복음서 모두에 기록되어 있는 유일한 기적입니다. 아마도 독자들을 전도하는 데 가장 효과가 크기 때문에 네 개의 복음서 모두에 실리게 되었을 것입

니다.

사람은 누구나 자신과 관련된 이야기에 관심을 기울입니다. 그런데 예수님의 기적들 중 직접 그 기적을 체험한 사람들이 이만 명이나 되는 기적은 오병이어 기적밖에 없습니다. 그 사람들의 친척, 지인들까지 합하면 족히 수십만 명은 그 기적에 대해 관심을 가지고 있었을 것입니다. 그러니까 오병이어 이야기는 가장 많은 사람들의 관심을 모을 수 있는, 다시 말해서 복음서를 통한 전도의 효과를 가장 극대화 시킬 수 있는 이야기였을 것입니다. 그렇기 때문에 네 개의 복음서 모두에 실려 있는 것입니다.

오병이어의 기적에서 우리가 주목해야 할 두 가지 요소가 있습니다. 그것은 하나님의 기적과 인간의 작은 헌신입니다. 먼저 문제의 해결은 전적으로 하나님께 달렸다는 것을 알아야 합니다. 광야에서 오천 명을 먹이는 일은 인간의 지혜로는 해결이 불가능했습니다. 7절에서 보는 것처럼 인간적인 셈으로는 계산이 안 나옵니다. 또 9절에서 보는 것처럼 약간의 자원이 우리에게 있다 해도, 그것은 문제 해결을 위해서는 턱없이 부족합니다. 문제의 해결은 오직 하나님이 개입하심을 통해서만 가능합니다.

그러나 둘째로 주목해야 할 것이 있습니다. 그것은 하나님께서는, 그것이 비록 아무리 작은 것이라 해도, 인간이 헌신한 것들을 통해서 역사하기를 기뻐하신다는 것입니다. 예수님께서는 원하기만 하셨다면 주위에 있던 돌들을 떡덩이로 바꾸실 수도 있었을 것입니다. 각자 자기 주위에 있는 적당한 크기의 돌을 주워들게 하신 후 축복기도를 하셔서 그 돌들을 떡으로 바꾸실 수도 있었을 것입니다. 하지만 예수님은 그렇게 하지 않으셨습니다. 그것은 하나님의 방법이 아니었습니다. 예수님께서는 그것이 아무리 작은 것이라 해도 아이가 헌신한 것들을 통해 기적을 베푸셨습니다.

이것이 예수님이 문제를 해결하시는 방법입니다. 우리의 문제는 하나님의 역사하심을 통해 해결됩니다. 그러나 하나님은 우리의 작은 헌신을 통해 역사하기를 원하십니다. 하나님의 기적을 기대하고 있다면 먼저 하나님께 작은 것이라도 헌신하십시오. 그것은 재물일 수도 있고 일정한 시간일 수도 있습니다. 하나님께서는 그것을 통해 역사를 이루실 것입니다.

15

요한복음 6:16-26

19 제자들이 노를 저어 십여 리쯤 가다가 예수께서 바다 위로 걸어 배에 가
까이 오심을 보고 두려워하거늘
20 이르시되 내니 두려워 말라 하신대
21 이에 기뻐서 배로 영접하니 배는 곧 그들이 가려던 땅에 이르렀더라

의미를 맡기는 믿음

오병이어의 기적이 있은 후 사람들이 예수님을 왕으로 삼으려 했을 때, 제자들은 은근히 그렇게 되기를 바랐을 것입니다. 그러나 예수님은 이를 거절하시고 혼자 산으로 떠나가셨습니다(15절). 날이 저문 후 제자들은 바다에 내려가서 배를 타고 가버나움을 향해 노를 저어 갔습니다(17절). 그 때 제자들의 심정은 어떠했을까요? 아마도 상당히 섭섭한 마음을 가지고 있었을 것입니다. 그들은 불과 몇 시간 전에 새로운 왕의 최측근이 될 수 있는 기회를 놓쳐버린 것입니다. 그들은 예수님이 사람들의 요청을 거부하신 이유를 알 수

없었을 것입니다. 왕이 되셔서 일을 하신다면 훨씬 쉽게, 훨씬 효과적으로 하나님의 뜻을 이룰 수 있지 않습니까? 그런데 왜 예수님은 그 좋은 기회를 거부해 버리신 겁니까?

예수님께서는 그들에게 직접적인 답을 주시지는 않습니다. 그 대신 예수님은 바다를 잔잔케 하는 기적을 보여주십니다. 그것을 통해 간접적으로 답을 주신 것입니다. "보라. 내가 왕이 되지 않은 것은 그럴 자격이 없어서가 아니다. 너희가 오병이어의 기적 때문에 놀랐느냐? 나는 더 큰 권세, 즉 자연만물까지도 다스리는 권세를 가지고 있다. 내가 왕이 되기를 거부한 것은 지금은 너희가 이해할 수 없는 하나님의 큰 뜻이 있기 때문이다. 그러니 너희는 계속 나를 따르며 순종하여라." 예수님은 이런 메시지를 주고 계셨던 것입니다.

제자들은 예수님이 그토록 큰 권능이 있으신 데도 불구하고 왜 왕이 되지 않으셨는지 이해할 수 없었을 것입니다. 그러나 그들은 예수님께 그 일의 의미를 맡겨야 했습니다. 하나님께 우리가 맡겨야 하는 것들에는 여러 가지가 있습니다. 때로는 명예, 학벌, 재산을 맡겨야 합니다. 가족과 건강도 맡겨야 합니다. 하지만 가장 맡기기 어려운 것이 있습니다. 그것이 무엇이겠습니까? 그것은 내 인생에 닥치는 이상한 일들의 의미를 맡기는 일입니다.

의미를 맡기는 일은 정말 어렵습니다. 그것은 어찌 보면 인간의 한계를 넘어서는 일입니다. 우리는 우리에게 닥친 일의 의미를 이해하지 못해 하나님께 질문을 드립니다. 하지만 하나님께서는 우리가 그 일을 이해할 수 없을 경우 그냥 침묵으로 일관하십니다. 제자들에게 왕이 되지 않은 이유를 설명하지 않으신 것과 같습니다. 우리는 그럴 때면 그 일의 '의미'를 하나님께 맡기고 조용히 순종해야 합니다.

위대한 이사야 선지자도 하나님의 뜻을 알 수 없을 때는 "구원자 이스라엘의 하나님이여 진실로 주는 스스로 숨어 계시는 하나님이시니이다"(사 45:15)라고 고백했습니다. 하나님이 이스라엘의 구원자가 되신다는 사실은 부정할 수가 없습니다. 그것은 역사적 사실입니다. 그러나 하나님께서 지금 어디서 무슨 일을 하고 계시는지는 이사야 선지자도 알 수가 없었습니다. 그래서 그는 "진실로 주는 스스로 숨어 계시는 하나님이시니이다"라고 한탄조의 고백을 합니다. 이사야 선지자가 그랬다면 우리야 말할 것도 없지 않습니까? 우리가 우리의 삶을 향하신 하나님의 뜻을 다 알 수 없습니다. 때로는 의미를 하나님께 맡겨야 합니다. 그게 정말 하나님을 믿는 겁니다.

16

요한복음 6:27-40

28 그들이 묻되 우리가 어떻게 하여야 하나님의 일을 하오리이까
29 예수께서 대답하여 이르시되 하나님께서 보내신 이를 믿는 것이 하나님의
일이니라 하시니

예수님을 믿는 것이 하나님의 일이다

예수님께서는 무리에게 썩는 양식을 위해서가 아니라 영생하도록 있는 양식을 위하여 일하라고 권하십니다. 그러자 그들은 어떻게 하는 것이 하나님의 일이냐고 묻습니다(28절). 예수님께서는 "하나님께서 보내신 이를 믿는 것이 하나님의 일이니라"(29절)라고 말씀하십니다. 그들은 예수님을 믿을 수 있도록 해줄 증거를 요구하며, 그들의 조상들이 광야에서 만나를 먹었던 일을 지적합니다(31절). 그러자 예수께서는 자신이야말로 하나님이 내려주신 참 떡이라고 말씀하십니다(35절). 그들은 하나님이 그들의 조상들과 함

께하셨던 증거로 모세 시절의 만나를 제시하는데, 사실 만나는 예수님 자신을 미리 암시해 주었던 그림자와 표적에 지나지 않는 것이었다는 뜻입니다.

현대 기독교인들이 주목해야 할 말씀이 있습니다. 예수님께서는 그들에게 예수님을 '믿는 것'이 하나님의 일이라고 말씀하셨습니다. 많은 설교자들은 이 믿는다는 개념과 교회에서 열심히 일한다는 개념을 연결시켜서 '잘 믿는 것은 열심히 일하는 것이다'라고 설명하기를 좋아합니다. 물론 믿음이 있으면 열심히 일하게 됩니다. 하지만 예수님이 지적하신 초점은 믿는 것 자체입니다. 믿는 것이 하나님의 일입니다.

엄밀하게 말해서 일은 하나님이 모두 하셨습니다. 아들을 세상에 보내셨고 그 아들이 죽기까지 순종하심으로써 모든 '일'을 이루셨습니다(요 19:30). 우리가 할 일은 하나님이 하신 모든 일을 믿음으로 받아들이고 감사와 감격으로 하나님을 찬양하며 사는 것입니다. 물론 그러다 보면 감사의 표시로 열심히 몸을 움직여 일을 하게 되지만 그 자체가 하나님의 일은 아닙니다. 그것은 어디까지나 하나님이 이루어 놓으신 위대한 일들에 대한 감사의 표현일 뿐입니다.

그런데 많은 기독교인들은 교회에서 몸이 파김치가 되도록 일을 하는 것을 통해 하나님께 대한 믿음과 사랑을 대체해 버리려고 합니다. 물론 열심히 일하는 것은 중요합니다. 그러나 그것은 하나님께 대한 믿음과 사랑이 있을 때, 그것이 겉으로 드러나는 열매이어야 하는 것이지 그 자체가 믿음이나 사랑은 아닙니다. 다시 말해서 믿음과 사랑이 없이도 열심히 일하는 것은 얼마든지 가능하다는 것입니다. 하나님께서는 그것을 원하시지 않습니다. 사랑 없이 열심히 일만 하고서 하나님을 사랑했다고 자신을 속여서는 안 됩니다. 우리의 신앙생활은 내면적인 믿음과 사랑, 그리고 그것이 겉으로 드러난 봉사와 헌신이 잘 조화를 이루고 있어야 합니다. 나의 신앙생활은 어떻습니까? 그 두 가지가 잘 균형을 이루고 있습니까?

17

요한복음 6:41-51

51 나는 하늘에서 내려온 살아 있는 떡이니 사람이 이 떡을 먹으면 영생하리
라 내가 줄 떡은 곧 세상의 생명을 위한 내 살이니라 하시니라

예수님은 나와의 친밀한 교제를 원하신다

예수님이 자신이야말로 참된 생명의 떡이라고 주장하시자 사람들은 불신을 드러내며 서로 수군거립니다. 그들의 주장의 근거는 예수님의 부모를 자신들이 알고 있는데 어떻게 예수님이 하늘에서 내려온 떡이 될 수 있느냐는 것입니다(42절). 그러자 예수님께서는 구약의 만나는 온전한 생명을 주는 것이 아니었기 때문에 조상들이 그 떡을 먹어도 결국 죽었지만(49절), 자신은 참된 생명의 떡이기 때문에 자신을 믿는 자들은 영생을 얻게 될 것이라고 말씀하십니다(51절). 구약의 만나는 예수님 자신의 모형이었을 뿐이라는 사실을 계속 설명하시는 것입니다.

예수님은 자신이 생명의 떡이므로 그들이 자신을 먹어야 한다고 말씀하십니다(51절). 그런데 이 말씀은 처음 듣는 자들에게 상당한 충격을 주었을 것입니다. 예수님을 믿은 후 교회에서 정기적으로 성만찬에 참여해 온 현대의 신자들에게는 예수님의 살을 먹고 피를 마신다는 표현이 별로 귀에 거슬리지 않을 것입니다. 하지만 성만찬이 시행되기 이전 시대의 사람들에게는 예수님의 살을 떡으로 삼아 먹는다는 표현은 상당히 거칠고 괴상했을 것입니다. 실제로 로마 시대에는 기독교인들의 성만찬을 식인풍습으로 오해하여 기독교인들을 박해하는 일도 있었습니다. 그들이 함께 모여 예수라는 사람을 잡아먹는다고 말입니다.

우리가 예수님을 통해 구원받는다는 것을 상징적으로 표현하는 방법에는 여러 가지가 있을 것입니다. 그냥 떡과 포도주를 앞에 놓고 그것을 바라보며 예수님의 십자가를 묵상하라고 해도 충분할지 모릅니다. 혹은 "내가 곧 생명의 떡이로다"라고 말씀하시는 대신 "내가 곧 하늘나라에 들어갈 수 있는 입장권이로다"라고 하셨을 수도 있습니다. 그런데 예수님께서는 왜 하필 우리가 예수님의 살을 '먹어야' 한다고 말씀하셨을까요? 아무리 구약의 만나가 예수님 자신을 상징하는 것이었다고 해도, 예수님 자신을 먹어야 한다는 표현은 너무 심한 것이 아닐까요? 예수님은 왜 이런 충격적인 표현을 사용하신 것일까요?

아마도 예수님이 원하시는 우리와의 친밀성 때문일 것입니다. 우리가 떡을 먹으면 그것이 영양소로 분해되어 우리 몸의 일부가 되어 버립니다. 이것은 부모 자식 간의 관계보다도, 부부간의 관계보다도 더 친밀한, 참된 하나 됨을 보여줍니다. 친밀성 혹은 하나 됨을 표현하는 방법 중 '나를 먹으라'는 것보다 더 강한 것은 없습니다. 물론 예수님의 인격이 나의 인격과 뒤섞인다는 의미는 아닙니다. 그러나 예수님께서는 우리가 생각하는 것보다 훨씬 더 친밀한 교제를 원하신다는 것을 알아야 합니다. 그분은 우리를 그토록 사랑하십니다. 성만찬을 대할 때마다 나를 그토록 사랑하시고 나와의 긴밀한 교제를 원하시는 주님을 묵상합시다. 세상의 그 어떤 친구보다 주님은 나를 더 친근히 대해 주실 것입니다.

18

요한복음 6:52-59

54 내 살을 먹고 내 피를 마시는 자는 영생을 가졌고 마지막 날에 내가 그를
다시 살리리니
55 내 살은 참된 양식이요 내 피는 참된 음료로다
56 내 살을 먹고 내 피를 마시는 자는 내 안에 거하고 나도 그의 안에 거하나
니

나는 하나님께 대단히 귀한 존재이다

참된 생명의 떡에 대한 대화가 계속 이어지고 있습니다. 그런데 예수님과 유대인들은 서로 평행선을 달리고 있는 것 같습니다. 예수님께서는 구약의 만나는 실체가 아니라 그림자에 불과하며 자신이야말로 참된 생명의 떡이라는 주장을 계속 하고 계시고(58절), 유대인들은 자신을 먹어야 한다는 예수님의 메시지를 문자적으로만 해석하여 그 말씀의 영적 의미를 이해하는 데 실패하고 있습니다(52절). 그들은 비록 알아듣지 못하고 있지만 예수님께서는 참

된 양식에 관한 진리를 계속 말씀하고 계십니다. 왜냐하면 예수님께서 십자가에 못 박히신 후에 예수님을 믿는 제자들과 성도들은 훗날 이 말씀을 깨닫게 될 것이기 때문입니다.

예수님의 살을 먹고 피를 마시는 자는 예수님 안에 거하게 되고 예수님이 그의 안에 거하시게 됩니다(56절). 다시 말해서 예수님과 그가 하나가 되어 함께 동거하는 것입니다. 이것은 사실은 이해하기 어려운 신비한 표현입니다. 사도 바울은 이것을 "내 안에 그리스도께서 사시는 것"(갈 2:20)이라고 표현합니다. 내가 예수님의 살과 피를 먹고 마신다면 내 몸 속에는 예수님의 피와 살이 있게 됩니다. 예수님은 우리를 보실 때 자기 자신의 피와 살이 섞여 있는 자신의 분신으로 보시게 됩니다. 아마 어머니와 아기와의 관계가 이와 비슷할 것입니다. 어머니는 아기를 볼 때 자기 자신의 피와 살로 여깁니다. 왜냐하면 그 아기는 자신의 뱃속에서 키운 후 세상에 내보낸 자신의 일부이기 때문입니다. 예수님이 우리를 보실 때도 그렇게 보십니다. 아마도 우리가 어머니의 태를 통하여 세상에 태어나도록 하신 것은 하나님과 우리와의 관계를 우리가 쉽게 이해하도록 하기 위한 하나님의 섭리일 것입니다.

우리는 절망스러울 때면 하나님이 이제는 나를 포기하신 것 같다고 생각합니다. 또 하나님의 사랑을 의심합니다. 그러나 우리는 예수님의 살을 먹고 피를 마시는 존재들입니다. 예수님은 우리를 자신의 분신으로 생각하십니다. 이사야 49:15,16은 이렇게 말씀합니다. “여인이 어찌 그 젖 먹는 자식을 잊겠으며 자기 태에서 난 아들을 긍휼히 여기지 않겠느냐 그들은 혹시 잊을지라도 나는 너를 잊지 아니할 것이라.” 하나님은 우리를 결코 잊지 않으십니다. 설혹 어머니는 자신이 낳은 아기를 잊는다 해도, 하나님은 결코 예수님의 살과 피를 먹고 마시는 우리를 잊으시지 않습니다. 세상에서의 경험 때문에 하나님을 원망하며 그 사랑을 의심하지 맙시다. 십자가의 사랑을 항상 기억합시다.

19

요한복음 6:60-71

64 그러나 너희 중에 믿지 아니하는 자들이 있느니라 하시니 이는 예수께서
믿지 아니하는 자들이 누구며 자기를 팔 자가 누구인지 처음부터 아심이러라
70 예수께서 대답하시되 내가 너희 열둘을 택하지 아니하였느냐 그러나 너희
중의 한 사람은 마귀니라 하시니
71 이 말씀은 가룟 시몬의 아들 유다를 가리키심이라 그는 열둘 중의 하나로
예수를 팔 자러라

하나님의 경고를 들으라

예수님께서 우리가 영생을 얻기 위해서는 그의 살을 먹고 피를 마셔야 한다고 말씀하시자 많은 제자들이 예수님을 떠나가 버립니다(66절). 예수님의 교훈을 문자적으로만 이해하는 자들에게는 그 교훈은 도저히 받아들일 수 없는 것이었기 때문입니다. 예수께서 열두 제자에게 "너희도 가려느냐?"(67절)라고 물으시자 베드로는 "주여 영생의 말씀이 주께 있사오니 우리가 누구에게로 가오리이

까"(68절)라는 유명한 고백을 합니다.

그런데 예수님과 제자들 사이의 대화를 자세히 살펴보면 예수님께서 특별히 한 제자에게 주목하시며 그에게 관심을 기울이시는 것을 알 수 있습니다. 그는 바로 가룟 유다입니다. 예수께서는 "그러나 너희 중에 믿지 아니하는 자들이 있느니라"(64절)라고 말씀하시면서 제자들의 자기성찰을 촉구하십니다. 본문은 이 말씀을 하신 이유가 "자기를 팔 자가 누구인지 처음부터 [아셨기]"(64절) 때문이라고 밝히고 있습니다. 즉 예수께서 유다에게 도전을 가하시기 위해 그를 염두에 두시고 이 말씀을 하셨다는 것입니다.

그가 별 반응을 보이지 않자 예수께서는 "내가 너희 열둘을 택하지 아니하였느냐 그러나 너희 중의 한 사람은 마귀니라"(70절)라고 하시며 직격탄을 날리십니다. 본문은 이 말씀은 유다를 겨냥한 것이었다고 명확하게 설명해 주고 있습니다(71절). 십자가 사건이 한참 남은 6장에 유다에 대한 이런 경고의 구절들이 등장한다는 것은 뜻밖의 일입니다. 이것은 예수님께서 십자가에 달리시기 오래 전부터 가룟 유다를 염두에 두시고 그가 변화되기를 원하셨다는 것을 보여줍니다. 후에도 그에 대한 예수님의 경고는 계속됩니다(요 13:21, 27). 그러나 유다는 이런 기회들을 살리지 못했습니다. 자신의 아집에 사로잡혀서 예수님의 경고들에 대해 귀를 막고 있었던 것입니다.

그런데 우리의 상태는 어떻습니까? 우리도 하나님이 나에게 주시는 경고에 귀를 막고 있지는 않습니까? 하나님에 대한 우리의 선입견, 세상을 향한 우리의 야망, 이런 것들이 우리의 마음을 어리석게 만들고 있지는 않습니까? 그 많은 경고를 받았을 때 가룟 유다가 예수님께 한 번이라도 진지한 상담을 요청했더라면 예수님을 배신하는 비극적인 일은 일어나지 않았을 것입니다. 그는 자신의 생각, 자신의 선입관을 끝까지 고집했고, 드러내지 않았고, 그래서 인생의 참혹한 실패자가 되었습니다. 내 인생을 향하신 하나님의 사인이 느껴지십니까? 하나님 앞에 정직하게 나의 마음을 털어놓으십시오. 하나님은 들으실 것입니다. 그리고 가장 적합한 해결책을 제시해 주실 것입니다. 유다처럼 어리석은 자가 되지 맙시다.

20

요한복음 7:1-13

11 명절 중에 유대인들이 예수를 찾으면서 그가 어디 있느냐 하고
12 예수께 대하여 무리 중에서 수군거림이 많아 어떤 사람은 좋은 사람이라
하며 어떤 사람은 아니라 무리를 미혹한다 하나
13 그러나 유대인들을 두려워하므로 드러나게 그에 대하여 말하는 자가 없더
라

예수님의 융통성

예수께서는 갈릴리에 머무시는 동안에도 유월절, 오순절, 초막절 등의 큰 명절이 되면 예루살렘으로 올라가셨습니다. 예수님은 본문에서 갈릴리의 고향 동네에 계신 듯합니다. 형제들은 예수님께 예루살렘으로 올라가실 것을 권합니다(4절). 그러나 예수님께서는 그들의 요구를 거절하십니다(8절). 하지만 결국 예수님께서도 예루살렘으로 올라가십니다(10절).

이 부분은 사실 해석이 어렵습니다. 예수님께서 마음을 바꾸신

것입니까? 아니면 형제들에게 거짓말을 하신 것입니까? 10절 하반절에서 우리는 해석의 열쇠를 찾을 수 있습니다. "자기도 올라가시되 나타내지 않고 은밀히 가시니라." 형제들은 예수님에 대한 믿음이 없었습니다(5절). 그렇기 때문에 그들은 예수님이 큰 기적을 베풀며 근사하게 사람들 앞에 등장하시는 것을 원했습니다. "자신을 세상에 나타내소서"(4절)라는 말은 그들의 그런 소원을 암시합니다. 하지만 예수님은 그럴 생각이 없으셨습니다. 그래서 그들의 청은 거절하셨지만 그래도 유대인으로서의 종교적 의무는 다하기 위해 조용히 예루살렘에 올라가신 것입니다. 여기서도 우리는 예수님의 융통성을 볼 수 있습니다. 갈릴리 가나에서처럼 말입니다.

신앙을 공개적으로 고백하라

11절부터 13절에 이르는 세 구절 속에 유대인들과 무리가 등장합니다. 사실 무리도 유대인들이지만 요한복음의 기자는 예수님께 대해 특히 강한 반감을 지녔던 자들을 유대인들이라고 부르고 있습니다. 무리는 예수님에 대해 수군거립니다(12절). 그들 중에는 예수님에게 호감을 가진 자들도 있지만 유대인들의 핍박을 두려워하여 그 사실을 공공연하게 드러내지 않습니다(13절).

그러나 신앙은 솔직히 드러내야 하는 것입니다. 로마서 10:10은

"사람이 마음으로 믿어 의에 이르고 입으로 시인하여 구원에 이르느니라"라고 말씀합니다. 예수님을 따르던 많은 사람들은 용기 있게 그 사실을 드러냈던 자들입니다. 예수님에 대한 호감은 있었지만 그것을 밝히 고백하지 못했던 자들의 상당수가 나중에는 빌라도의 법정에서 예수님을 "십자가에 못 박으라"라고 외치는 자들로 변했습니다.

신앙의 세계에서 중간이란 없습니다. 진리 편에 서든지, 아니면 마귀를 돕는 자가 되든지 둘 중 하나입니다. 신앙이 있으면 솔직히 고백해야 하고, 혹시 주위에 고백할 기회를 찾지 못하는 자가 있으면 그로 하여금 고백을 할 수 있도록 우리가 기회를 제공해 주어야 합니다. 이것이 교회의 중요한 역할 가운데 하나입니다. 믿음을 가진 자들로 하여금 사람들 앞에서 자신의 신앙을 고백할 수 있는 기회를 가끔 마련해 주어야 합니다. 그리고 하나님을 위해 봉사할 마음이 있는 자들에게는 그것을 표현할 수 있도록 장을 마련해 주어야 합니다. 믿음이 있다면 공적으로 그것을 고백하십시오. 주님이 기뻐하십니다.

21

요한복음 7:14-24

16 예수께서 대답하여 이르시되 내 교훈은 내 것이 아니요 나를 보내신 이의
것이니라
17 사람이 하나님의 뜻을 행하려 하면 이 교훈이 하나님께로부터 왔는지 내
가 스스로 말함인지 알리라

말씀을 가르치는 자는 하나님과 사귐이 있어야 한다

예수님의 가르침을 들은 유대인들은 그 가르침에 대해 놀라움을 표합니다. "이 사람은 배우지 아니하였거늘 어떻게 글을 아느냐"(15절). 그들은 공부를 많이 한 사람만이 하나님에 대해 가르칠 수 있다고 생각했습니다. 그런데 갈릴리 출신의 목수가 유창하게 사람들을 가르치자 이해할 수가 없었던 것입니다.

예수님께서는 그들에게 "내 교훈은 내 것이 아니요 나를 보내신 이의 것이니라"(16절)라고 대답하십니다. 즉 자신의 가르침의 내용은 책을 읽거나 어떤 사람에게 배우거나 하여 알게 된 것이 아니라

아버지와의 교제를 통해 얻게 된 것들이라는 말씀입니다. 예수님께서는 “너희는 글을 알아야만 교훈을 베풀 수 있다고 생각하느냐? 아니다. 내 교훈은 나를 보내신 아버지의 것이다. 나는 아버지와 사귐이 있다. 그러므로 너희에게 정확하게 교훈을 베풀 수 있다”라고 말씀하고 계신 것입니다.

그리고 사람들에게 그 교훈이 참된 것인지를 검증해 보라고 하십니다. 즉 하나님의 뜻을 행하려고 하는 자는 내 교훈의 진위여부를 알 수 있다는 것입니다(17절). 예수님의 교훈이 하나님께로부터 온 것이라면, 지금 하나님의 뜻대로 살려고 하는 자는 그것이 자신이 지향하는 바와 잘 조화를 이룬다는 사실을 금방 알 수 있을 것입니다. 그러므로 그들은 예수님의 교훈을 지지하게 될 것입니다.

여기서 우리는 사람들에게 하나님의 말씀을 가르치기 위해서 우리가 갖추어야 할 필수조건을 보게 됩니다. 그것은 하나님과의 사귐입니다. 글을 안다고 해서, 오늘날로 말하면 전문적으로 신학을 공부했고, 영어, 독일어, 헬라어, 히브리어, 라틴어를 안다고 해서 교훈의 권위가 생기는 것이 아닙니다. 가르치는 자는 하나님과 인격적인 교제가 있어야 합니다.

물론 성경을 무시하고 혹은 성경을 뛰어넘어 개인적으로 직접적인 계시를 받아야 한다는 말은 아닙니다. 하나님의 말씀은 신구약성경으로 충분합니다. 신구약성경과 충돌하는 직접적 계시란 있을 수 없습니다. 그러나 하나님이 주신 성경말씀을 제대로 이해하고 그 말씀을 오늘에 적용하기 위해서는 그 책의 저자이신 분에 대해 잘 알고 있어야 합니다. 성경의 저자는 바로 하나님이십니다: "모든 성경은 하나님의 감동으로 된 것으로"(딤후 3:16).

그러므로 하나님과의 인격적인 교제가 있을 때에만 성경 말씀을 올바로 깨닫게 됩니다. 우리는 기도를 통하여 하나님과 교제를 누릴 수 있습니다. 말씀연구와 기도, 이 두 가지는 하나님의 뜻대로 세상을 살아나가기 위해 없어서는 안 될 필수적인 것들입니다. 나의 신앙생활은 두 가지를 균형 있게 잘 유지하고 있습니까?

22

요한복음 7:25-36

28 예수께서 성전에서 가르치시며 외쳐 이르시되 너희가 나를 알고 내가 어
디서 온 것도 알거니와 내가 스스로 온 것이 아니니라 나를 보내신 이는 참
되시니 너희는 그를 알지 못하나
29 나는 아노니 이는 내가 그에게서 났고 그가 나를 보내셨음이라 하시니
30 그들이 예수를 잡고자 하나 손을 대는 자가 없으니 이는 그의 때가 아직
이르지 아니하였음이러라

하나님의 허락이 없이는 원수가 나를 건드릴 수 없다

예수님의 인기가 높아지자 유대인들은 위기감을 느낍니다. 그러고 예수님을 죽이려고 합니다(25절). 그러나 감히 예수님께 직접 손을 대는 사람은 아무도 없습니다(30절). 이 정도의 적대적 분위기라면 예수님께서도 유대인들을 자극할 만한 말씀은 자제하셔야 할 것 같은데, 주님은 오히려 더 강하게 아버지 하나님과 자신과의 긴밀한 관계를 선포하십니다. 예수님은 자신이 하나님에게서 났고

그분이 자신을 보내셨음을 과감하게 주장하십니다(29절).

사람들은 예수님을 잡으려 했지만 실제로 손을 대는 자는 없었습니다. 왜냐하면 그분의 때가 아직 이르지 않았기 때문입니다(30절). 비슷한 말씀이 8장에도 등장합니다. "이 말씀은 성전에서 가르치실 때에 헌금함 앞에서 하셨으나 잡는 사람이 없으니 이는 그의 때가 아직 이르지 아니하였음이러라"(요 8:20). 예수님의 생애는 하나님이 정해 놓으신 계획에 따라 진행되었습니다. 때가 되지 않으면, 다시 말해서 하나님께서 허락을 해 주시기 않으면, 그 누구도 예수님께 손을 댈 수 없었습니다.

사람들이 어떻게 예수님을 체포하고 그분을 십자가에 못 박을 수 있었습니까? 하나님의 때가 되었기 때문입니다. 헬라인 몇 사람이 예수님을 찾아 왔을 때 예수님께서는 "인자가 영광을 얻을 때가 왔도다"(요 12:23)라고 말씀하십니다. 그리고 얼마 후 유대인들에게 체포되십니다. 아니 정확히 말해서 체포를 허락하십니다. 모든 것은 하나님의 주권 속에서 하나님이 정하신 때에 이루어집니다.

이것은 우리에게도 마찬가지입니다. 다윗에게 이런 일이 있었습니다. 사울왕이 다윗을 죽이기 위해 그를 추적합니다. 마온 황무지라는 곳에 이르렀을 때 다윗이 거의 잡힐 지경에 이릅니다. 사무엘상 23:26은 사울과 그의 사람들이 다윗 일행을 에워싸고 잡으려 했다고 말씀합니다. 이제 완전히 포위가 되어 잡히는 것은 시간문제였다는 것입니다. 그런데 그 때 무슨 일이 일어났는지 아십니까? 사무엘상 23:27에 보니까 한 전령이 급히 사울왕에게 와서 이렇게 말합니다. '왕이시여, 전쟁입니다. 블레셋이 지금 쳐들어왔습니다.' 그래서 사울은 할 수 없이 다 잡은 다윗을 포기하고 전쟁터로 떠나갑니다.

생각해 보시기 바랍니다. 전쟁이 나면 양측의 수많은 사람들이 죽습니다. 그러나 하나님께서는 다윗 한 사람을 살리기 위해 나라와 나라 사이에 전쟁을 일으키셨습니다. 택하신 자들에 대한 하나님의 보호하심은 절대적입니다. 하지만 다윗은 왕이 될 사람이었고 우리는 그저 평범한 사람이 아니냐고요? 베드로전서 2:9은 "오직 너희는 택하신 족속이요, 왕 같은 제사장들이요, 거룩한 나라요, 그의 소유된 백성이니"라고 말씀합니다. 하나님이 보실 때는 우리도 다윗과 다름없이 존귀한 자들입니다. 하나님의 뜻이 아니라면 원수들이 우리를 해할 수 없습니다. 그러니 쓸데없이 두려워하지 맙시다. 우리를 늘 보호하시는 주님을 찬양합시다.

23

요한복음 7:37-53

37 명절 끝날 곧 큰 날에 예수께서 서서 외쳐 이르시되 누구든지 목마르거든
내게로 와서 마시라
38 나를 믿는 자는 성경에 이름과 같이 그 배에서 생수의 강이 흘러나오리라
하시니

생수의 강

37절이 말하는 명절이란 초막절을 말합니다. 초막절은 이스라엘 달력으로는 7월(레 23:34), 양력으로는 9, 10월경에 있는 절기입니다. 참고로 유대인들의 달력은 음력입니다. 초막절은 출애굽 이후 광야에서 초막을 치고 생활했던 것을 기념하는 절기로서 장막절이라고도 합니다. 또 가을 추수 시기와 때가 겹치기 때문에 수장절(收藏節, 열매를 거두어 저장하는 절기)이라고도 합니다.

초막절 축제기간 동안 제사장들은 매일 예루살렘 남쪽 끝의 기혼(Gihon)샘으로 가서 금주전자에 물을 채웠습니다. 그러면 성가

대는 이사야 12:3을 노래했습니다: "그러므로 너희가 기쁨으로 구원의 우물들에서 물을 길으리로다." 제사장들은 군중의 환호를 받으며 성전으로 이동해서는 제단에 그 물을 부어드렸습니다. 축제의 마지막 날에는 이 행렬이 일곱 번 반복되었습니다. 그 물은 한편으로는 성전에서 흘러나오는 물을 뜻하기도 했고(겔 47:1), 다른 한편으로는 하나님께서 하늘로부터 비를 내려주시기를 바라는 마음의 표현이기도 했습니다.

그 마지막 날 물을 긷는 제사장들의 행렬이 지나갈 때, 예수님께서는 37절 이하의 말씀을 하셨을 것입니다. 그런데 예수님께서는 우리가 받을 성령을 생수의 강이라고 표현하셨습니다. 그런데 왜 하필이면 강일까요? 우리는 성령님이 오시면 그분이 우리의 영적 갈증을 해결해 주실 것이기 때문에 성령을 물로 표현하신 것이며, 그 물을 강이라고 하신 것은 그 물이 없어지지 않고 항상 흐를 것이기 때문이라고 생각합니다. 그러나 예수님이 의도하셨던 것이 그것이었다면 성령을 강물이 아니라 산골짜기의 맑은 샘물로 표현하시는 것이 더 좋았을 것입니다. 왜냐하면 강물보다는 샘물이 훨씬 더 맑고 마시기에 좋기 때문입니다.

성령을 작은 샘물이나 시냇물이 아니라 강물로 표현하신 것은 그 규모 때문입니다. 강은 샘물에 비해 훨씬 큽니다. 내 속에서 생수의 강이 터져 흐르면 나는 그 물 속에 푹 잠기게 될 것입니다. 그것은 내 존재 전체가 잠길 수 있는 큰 물입니다. 에스겔 47장은 성전에서 흘러나오는 성령의 강에 대해 말씀합니다. "물이 내가 건너지 못할 강이 된지라 그 물이 창일하여 헤엄할 물이요 사람이 능히 건너지 못할 강이더라"(겔 47:5).

성령이 임하시면 나는 성령의 역사에 나의 온 존재를 맡겨야 합니다. 강물에 내 몸을 던지듯이 성령님께 나의 계획, 목표, 모든 것을 던지고, 성령 하나님을 의지해야 합니다. 그것이 성령을 강물로 표현하신 주님의 의도입니다. 우리는 혹시 성령을 충만히 받으면 내가 사용할 수 있는 능력이나 에너지가 더 많아지는 것이라고 잘못 생각하고 있지는 않습니까? 성령은 우리가 마음대로 사용할 수 있는 에너지가 아니라 인격체이십니다. 성령이 충만해지면 성령님께 온전히 순종해야 합니다. 그것이 진짜 성령 충만입니다.

24

요한복음 8:1-11

5 모세는 율법에 이러한 여자를 돌로 치라 명하였거니와 선생은 어떻게 말하
겠나이까
6 그들이 이렇게 말함은 고발할 조건을 얻고자 하여 예수를 시험함이러라 예
수께서 몸을 굽히사 손가락으로 땅에 쓰시니
7 그들이 묻기를 마지 아니하는지라 이에 일어나 이르시되 너희 중에 죄 없
는 자가 먼저 돌로 치라 하시고

간음 중에 잡힌 여인

사람들이 간음 중에 잡힌 여인을 예수님께 끌고 와서 예수님께 그 여인을 어떻게 처리해야 할지를 묻는 유명한 장면입니다. 예수님의 입장에서는 상당히 고민스러운 상황입니다. 예수님께서 율법에 따라 여인을 돌로 치라고 하시면 유대인들은 '사랑을 그토록 강조하더니 사랑이 없구나' 하고 비난할 것이고, '그냥 용서해 줘라' 하시면 '모세의 율법을 어겼다'라고 비난할 것입니다. 예수님께서는

그들이 묻는 동안 몸을 굽히사 손가락으로 땅에 글씨를 쓰셨습니다(6절). 아마도 그들이 평소에 범하고 있던 여러 율법 조항들을 적으셨을 것입니다.

예수께서 빨리 대답을 주시지 않자 그들은 "묻기를 마지 [아니하였다]"(7절)라고 성경은 말씀합니다. 원문의 의미는 쉬지 않고 계속해서 물었다는 것입니다. 이제는 예수님을 완전히 덫에 가두었다고 생각하고 의기양양해서 '돌을 던질까요, 말까요. 어서 대답해 보세요'라고 하며 계속 예수님을 몰아세우고 있는 저들의 모습이 눈에 선합니다. 이윽고 몸을 일으키신 예수님께서는 그 유명한 "너희 중에 죄 없는 자가 먼저 돌로 치라"라는 말씀을 주십니다. 그리고 우리가 아는 대로 상황은 깨끗이 종료됩니다.

늘 기도로 준비하라

본문이 보여 주고 있는 것과 같은 시험은 매우 교묘해서 빠져나가기 힘든 덫과 같습니다. 그러나 우리 주님께서는 그것을 능히 이기셨습니다. 그 비결이 무엇일까요? 물론 예수님은 하나님이셨으니 모든 시험을 이기실 수 있었다고 이야기할 수도 있을 것입니다. 그러나 요한복음 기자는 이 이야기를 전해 주면서 1절에서 의미심장한 말을 하고 있습니다. 즉 예수님께서 이 사건이 있기 전에 감람산에서 기도를 드리셨다는 것입니다. 요한복음 7:53과 8:1을 비교해서 읽어보면 뚜렷한 대조를 발견할 수 있습니다. 사람들은 휴식을 위해 집으로 갔지만, 예수님께서는 기도의 장소로 향하셨습니다. 감람산은 기도의 장소였습니다.

예수님께서는 시험에 대비하여 늘 기도로 준비하고 계셨습니다. 기도의 역할 가운데 중요한 것은 '시험에 들지 않게' 하는 것입니다. 예수님께서는 나중에 겟세마네 동산에서 제자들에게 "시험에 들지 않게 깨어 있어 기도하라"(마 26:41)라고 말씀하십니다. 어떤 사람들은 그런데 왜 지금 예수님이 시험을 당하셨냐고 물을 것입니다. 물론 예수님께 시험이 왔습니다. 하지만 기도로 무장된 자에게는 마귀의 시험이 더 이상 시험이 되지 못합니다. 예수님은 이 시험을 쉽게 이기셨습니다. 그러나 겟세마네 동산에서 졸기만 하던 제자들은 시험에서 졌습니다. 우리는 지금 기도로 무장을 하고 있습니까? 기도해야 시험이 왔을 때 승리할 수 있습니다. 기도합시다.

25

요한복음 8:12-30

17 너희 율법에도 두 사람의 증언이 참되다 기록되었으니
18 내가 나를 위하여 증언하는 자가 되고 나를 보내신 아버지도 나를 위하여
증언하시느니라
19 이에 그들이 묻되 네 아버지가 어디 있느냐 예수께서 대답하시되 너희는
나를 알지 못하고 내 아버지도 알지 못하는도다 나를 알았더라면 내 아버지
도 알았으리라

자신에 대한 예수님의 증거

여기서는 앞서 5장 후반부에서 제기되었던 예수님의 권위에 대한 논쟁이 재연되고 있습니다. 예수님께서 자신을 세상의 빛이라고 소개하시자 바리새인들이 이의를 제기합니다(13절). 자신이 스스로에 대해 증거하는 것은 설득력이 없다는 것입니다. 그러자 예수님께서는 5장에서와 마찬가지로 아버지와 자신과의 관계를 근거로 삼아 자신의 주장을 변론하십니다. "만일 내가 판단하여도 내 판

단이 참되니 이는 내가 혼자 있는 것이 아니요 나를 보내신 이가 나와 함께 계심이라"(16절).

그러자 예수님의 대적들은 당신이 말하는 아버지가 도대체 누구를 뜻하는 것이냐고 반문합니다. "네 아버지가 어디 있느냐?"(19절)라는 질문은 그런 의미를 지닌 것입니다. 이에 대해 예수님께서는 "[너희가] 나를 알았더면 내 아버지도 알았으리라"(19절)라고 말씀하십니다. 다시 말해서 성부에 대한 인식과 성자에 대한 인식은 그 근거를 같이 한다는 것입니다. 예수님을 열린 마음으로 받아들이는 자는 성부 하나님도 알게 되고, 성부 하나님을 제대로 알고 있던 자는 예수님도 받아들입니다. 자신들의 기득권을 유지하기 위해 이상한 신학적 편견에 사로잡혀 있던 바리새인들과 사두개인들은 열린 마음으로 예수님의 사역을 보지 못했습니다. 하지만 그런 편견이 없던 일반 민중들은 예수님을 하나님이 보내신 구세주로 쉽게 받아들였습니다.

그 두 부류 사이의 결정적인 차이점은 나의 기득권 유지를 위해 하나님을 이용하려 하고 있느냐 아니면 그런 마음이 없느냐 하는 것입니다. 지켜야 할 기득권이 없는 자들은 하나님 앞에서 끊임없이 자신의 정직한 모습을 돌아보며 진리를 탐구합니다. 그러나 나의 기득권을 지키기 위해 하나님을 이용하려고 하는 자들은 하나님의 모든 진리를 왜곡시킵니다. 그리고 왜곡시킨 그 모습이 원래의 진리의 모습이라고 스스로 믿어 버립니다. 그런데 여기서 더 무서운 것이 있습니다. 그것은 그런 자들은 자신과 같은 생각을 가진 사람들과 패거리를 이루어 자신들의 생각을 계속 더 공고하게 만들어 간다는 것입니다. 그것이 바로 사두개인, 바리새인들의 모습이었습니다.

오늘날도 그런 자들 때문에 수많은 영혼들이 상처를 받습니다. 그런 자가 되지 않기 위해서는 하나님 앞에서 자신의 정직한 모습을 늘 돌아보는 노력이 필요합니다. 그것은 정말로 고통스러운 일입니다. 자신의 정직한 모습을 보아야 한다는 것은 인간이 감당하기에는 너무 힘든 일입니다. 하지만 진리를 따르기 위해서는 그런 고통과 희생을 감수해야 합니다. 혹시 나는 기득권 때문에 하나님을 이용하고 있지는 않습니까? 정직한 나의 모습을 볼 수 있도록 하나님께 구합시다.

26

요한복음 8:31-47

31 그러므로 예수께서 자기를 믿은 유대인들에게 이르시되 너희가 내 말에
거하면 참으로 내 제자가 되고
32 진리를 알지니 진리가 너희를 자유롭게 하리라
36 그러므로 아들이 너희를 자유롭게 하면 너희가 참으로 자유로우리라

자유는 오직 하나님의 아들만이 주실 수 있다

예수님께서는 유대인들에게 진리가 그들을 자유롭게 할 것이라고 말씀하십니다(32절). 그런데 유대인들은 그들이 지금 자유로우며 남의 종이 된 적이 없다고 말합니다(33절). 유대인들도 당시 이스라엘이 로마의 지배를 받고 있었다는 사실은 부정할 수 없었을 것입니다. 그러므로 그들이 자신들이 자유롭다고 했을 때 정치적 자유를 말한 것은 아닐 것입니다.

그들이 예수님과 논쟁하는 것을 살펴보면 그들은 자신들의 혈통에 의지하여 스스로를 자유민으로 규정하고 있음을 알 수 있습니

다. 그들은 자신들이 아브라함의 자손임을 재차 강조합니다(33, 39절). 자신들은 하나님이 택하신 자인 아브라함의 자손이므로 자유민이라는 것입니다.

그러나 예수님은 자유는 오직 하나님의 아들에 의해서만 주어질 수 있다고 주장하십니다(36절). 이것이 다른 모든 종교와 기독교의 차이입니다. 불교처럼 스스로 깨달음을 얻어서 자유를 얻는 것도 아니고, 이슬람교처럼 알라신 앞에서 선을 행함으로 자유를 얻게 되는 것도 아닙니다. 자유는 오직 하나님의 아들이 우리를 자유롭게 해 주셔야 얻을 수 있습니다. 자유는 하나님의 아들과의 인격적 관계를 전제로 합니다. 그분이 우리를 구원하기 위해 하신 일을 알고, 그것을 받아들이고, 그분과의 인격적인 관계가 회복될 때에야 비로소 우리에게 참된 자유가 주어지는 것입니다.

자유의 두 가지 차원

그 자유에는 두 가지 차원이 있습니다. 하나는 소극적 의미의 자유이고 두 번째는 적극적 의미의 자유입니다. 소극적인 자유란 '…로부터의 자유'를 말합니다. 진리를 알면 진리가 아닌 다른 모든 것들로부터 자유롭게 됩니다. 예수님을 믿지 않고 귀신을 섬기는 자들은 이사도 함부로 하지 못합니다. 소위 마가 낀 날을 피하기 위해 꼭 점술가에게 물어 보고서야 이사를 합니다. 그들은 온갖 것들에 제약을 받으며 살고 있습니다. 하지만 예수님을 믿고 나면 그런 모든 것들로부터 자유하게 됩니다. 마귀가 주는 두려움을 과감히 떨쳐 버릴 수 있습니다. 이것이 소극적 의미의 자유입니다.

적극적 의미의 자유란 '…을 향한 자유'입니다. 우리는 하나님이 주시는 비전을 향해 힘차게 날갯짓을 할 수 있습니다. 왜냐하면 거듭난 자는 이제 성령의 도우심을 입게 되기 때문입니다. 자유하기 전에는 꿈이 있다 해도 그것을 실현시킬 힘이 나에게 없었습니다. 하지만 이제는 성령의 능력이 나와 함께 하십니다. 그러므로 하나님이 주시는 비전을 실제로 실현시킬 수 있게 됩니다. 이것이 적극적인 자유입니다. 우리는 하나님이 제시하시는 저 높고 찬란한 비전을 향해 힘차게 날아오를 수 있습니다. 이 자유를 마음껏 누리며 하나님을 찬양합시다.

27

요한복음 8:48-59

54 예수께서 대답하시되 내가 내게 영광을 돌리면 내 영광이 아무 것도 아니
거니와 내게 영광을 돌리시는 이는 내 아버지시니 곧 너희가 너희 하나님이
라 칭하는 그이시라
55 너희는 그를 알지 못하되 나는 아노니 만일 내가 알지 못한다 하면 나도
너희 같이 거짓말쟁이가 되리라 나는 그를 알고 또 그의 말씀을 지키노라

진리를 숨기는 것은 겸손이 아니다

유대인들이 계속해서 예수님을 공격하고 있습니다. 예수님을 사마리아 사람, 귀신 들린 사람으로 몰아세웁니다(48, 52절). 이럴 때 그들이 예수님께 기대하는 반응은 "글쎄요, 제가 진리에 대해 뭘 알겠습니까? 저도 사실은 잘 모릅니다"라고 하며 한 발 물러서는 태도일 것입니다. 하지만 예수님께서는 "나는 하나님을 안다. 너희는 그분을 모르지만 나는 안다. 그러므로 내가 말하는 것은 모두 진리이다"라는 취지로 말씀을 하십니다(49, 54절). 결코 자신의 주장을 굽히지 않으십니다.

진리를 알면서도 모른다고 하는 것은 겸손한 것이 아닙니다. 설사 진리를 안다고 밝히는 것이 내게 불리한 상황이라 해도, 우리는 아는 진리에 대해서는 용감하게 그것을 증거해야 합니다. 예수님께서는 심지어 그들이 이해를 전혀 못할 것이 뻔한 이야기조차 과감하게 유대인들에게 말씀하십니다. "아브라함이 나기 전부터 내가 있느니라"(58절)라는 말씀이 그것입니다. 이 말씀 때문에 유대인들이 예수님을 돌로 칠 뻔했지만 예수님께서는 그 말씀을 하기를 주저하시거나 그것을 취소하시거나 하지 않으셨습니다. 그 당시 그 말씀을 들었던 사람들은 그 말씀을 이해하지 못했지만 후대의 기독교인들은 예수님의 이 말씀 때문에 그분이 영원하신 하나님이심을 확신하게 되었습니다.

우리도 진리를 고백해야 할 때는 분명하고 과감하게 해야 합니다. 그런데 진리를 분명하게 증거해야 하지만 여러 상황 때문에 그렇게 하는 것이 어려울 때가 있습니다. 괜히 나섰다가는 공격의 대상이 될 것 같고, 굳이 분쟁을 일으킬 필요가 있나 하는 생각이 들기도 합니다. 우리는 때로는 잠자코 있는 것이 겸손한 사람의 모습이요, 사람 사이의 평화를 도모하는 길이라고 생각합니다.

하지만 예수님께서는 이런 태도에 대해 엄중하게 경고를 하십니다. "누구든지 이 음란하고 죄 많은 세대에서 나와 내 말을 부끄러워하면 인자도 아버지의 영광으로 거룩한 천사들과 함께 올 때에 그 사람을 부끄러워하리라"(막 8:38). 또 적당히 상황에 맞게 사람들이 듣기 좋은 내용으로 복음의 내용을 변조해서도 안 됩니다. 사도 바울은 갈라디아서 1:10에서 "이제 내가 사람들에게 좋게 하랴 하나님께 좋게 하랴 사람들에게 기쁨을 구하랴 내가 지금까지 사람들의 기쁨을 구하였다면 그리스도의 종이 아니니라"라고 말합니다. 우리는 하나님이 우리에게 맡기신 복음을 가감 없이 있는 그대로 전해야 합니다. 예수님이 그러셨던 것처럼 용감하게 진리를 전하는 우리가 됩시다.

28

요한복음 9:1-12

1 예수께서 길을 가실 때에 날 때부터 맹인 된 사람을 보신지라
2 제자들이 물어 이르되 랍비여 이 사람이 맹인으로 난 것이 누구의 죄로 인
함이니이까 자기니이까 그의 부모니이까
3 예수께서 대답하시되 이 사람이나 그 부모의 죄로 인한 것이 아니라 그에
게서 하나님이 하시는 일을 나타내고자 하심이라

모든 저주에 맞서 싸우는 것이 하나님의 뜻이다

예수께서 길을 가시다가 맹인 된 사람을 만나십니다. 그런데 제자들은 예수님께 그 사람이 맹인이 된 것이 누구의 죄 때문이냐고 묻습니다(2절). 예수님께서는 죄 때문에 그렇게 된 것이 아니라 그를 통해 하나님이 하시는 일을 나타내고자 하기 위해서라고 대답하십니다(3절). 그리고 그의 눈을 고쳐주십니다. 물론 죄로 인해 질병의 형벌을 받는 경우도 있습니다. 성경의 많은 구절들이 육체의 질병을 죄와 연관시키고 있습니다(민 12:10; 삼하 3:29 등). 그러

나 오늘 본문에서처럼 죄와 상관없이 질병의 고통을 당하기도 합니다. 그러므로 우리는 질병으로 고통당하는 이들 앞에서 함부로 죄와의 연관성을 언급해서는 안 됩니다.

죄와 상관없이 고통을 당한다는 것이 확실할 때는 하나님의 도우심을 바라고 묵묵히 기다리면 됩니다. 하지만 우리가 당하고 있는 고통이 죄로 인한 형벌이라는 것이 너무나 분명할 때가 있습니다. 이럴 때는 그 고통을 묵묵히 견디며 살아야 할까요, 아니면 그 고통에서 벗어나기 위해 노력해야 할까요? 혹시 하나님이 정당한 이유 때문에 주신 고통에서 벗어나기 위해 노력하는 것은 하나님의 뜻을 어기는 교만한 행동이 아닐까요?

하나님께서는 우리가 그 어떤 고통과 저주에 대해서건 그것과 싸워 이기기를 원하십니다. 20세기 초 영국 교회사를 읽어보면 재미있는 사건이 있습니다. 출산의 고통을 덜어 주는 진통제가 그 당시 처음으로 개발되었습니다. 그런데 이 진통제의 사용을 놓고 영국 교회가 둘로 나뉘었습니다. 한쪽에서는 인도주의적 입장에서 그 약을 당연히 사용해야 한다고 주장했지만, 다른 한쪽에서는 출산의 고통은 하나님께서 인간에게 직접 내리신 형벌이기 때문에(창 3:16) 그 약은 사용해서는 안 된다고 주장했습니다. 하나님께서 인간의 죄로 인해 내리신 형벌을 우리가 함부로 약화시켜서는 안 된다는 논리였습니다.

그러다가 여성단체들의 주장으로 인해 이 논쟁은 쉽게 끝나 버렸습니다. 그들의 주장은 여성들에게 진통제를 주사하지 않으려면 남자들도 모든 농기계들을 버리고 호미와 낫만 들고 들에 나가 일해야 한다는 것이었습니다. 왜냐하면 하나님께서 하와에게 출산의 고통을 형벌로 내리실 때, 아담에게는 노동의 고통을 형벌로 내리셨기 때문입니다(창 3:19). 여성들은 각종 농기계가 발명될 때는 단 한 번도 아담에 대한 저주를 언급하지 않다가, 진통제가 개발되자 하와에 대한 저주를 언급하며 호들갑을 떠는 남자들의 위선에 대해 신랄한 비판을 퍼부었습니다. 맞는 말입니다. 남자들은 자신들의 위선을 부끄러워하며 진통제 주사를 허용할 수밖에 없었습니다.

비슷한 예를 인간 역사에서 자주 찾아볼 수 있습니다. 이를테면 미국의 흑인노예제 옹호론자들은 하나님께서 창세기 9:25에서 "가나안은 저주를 받아 그의 형제의 종들의 종이 되기를 원하노라"라고 하신 말씀을 자신들의 주장의 근거로 삼았습니다. 하지만 예수님의 십자가는 우리를 모든 율법의 저주에서 속량하셨습니다(갈 3:13). 십자가의 보혈로도 무력화 될 수 없는 저주는 존재하지 않습니다.

그런데 하나님께서는 가나안을 저주하실 때 다음과 같은 말씀도 하셨습니다. "하나님이 야벳을 창대하게 하사 셈의 장막에 거하게 하시고 가나안은 그의 종이 되게 하시기를 원하노라"(창 9:27). 여기 보면 야벳이 셈의 장막에 거하게 된다고 말씀합니다. 우리에게는 잘 알려져 있지 않지만 근세시대에 유럽인들은 이 말씀을 그들이 아시아 각국을 식민지로 삼는 것을 정당화하기 위해 사용했습니다. 야벳은 백인의 조상이고 셈은 황인종들의 조상인데 야벳이 셈의 장막에 거한다는 것은 백인들이 아시아에 가서 그곳을 자신들의 식민지로 삼는다는 뜻이라는 것입니다.

유럽 국가들은 아시아 국가들을 식민지로 삼을 때마다 교회 혹은 성당에서 종을 울리며 하나님께 감사예배를 드렸습니다. 그리고 목사 혹은 신부들은 이 본문을 읽으며 자신들의 행위를 정당화했습니다. 지금 기독교인들 중 이 구절을 그런 식으로 이해하는 사람은 거의 없을 것입니다. 그러나 수백 년 동안 유럽 기독교인들은 그런 해석이 정당한 것이라고 믿어 왔습니다. 하나님의 말씀은 인간을 억압하는 수단으로 사용되어서는 안 됩니다.

빌라도가 예수님을 재판하다 말고 물로 손을 씻을 때 유대인들이 "그 피를 우리와 우리 자손에게 돌릴지어다"(마 27:25)라는 말을 했는데, 어떤 기독교 지도자들은 제2차 세계대전 때 유대인들이 나치 독일에 의해 죽은 것이 성경의 이 발언 때문이라고 하여 충격을 주기도 했습니다. 물론 나중에 사과를 하기는 했지만 그들의 황당한 주장은 유대인들에게 기독교에 대한 엄청난 반감을 심어주는 끔찍한 결과를 낳았습니다. 지금도 그것은 유대인 선교에 큰 걸림돌이 되고 있습니다.

또 어떤 이들은 하나님께서 출애굽기 20:5에서 "네 하나님 여호와는 질투하는 하나님인즉 나를 미워하는 자의 죄를 갚되 아버지로부터 아들에게로 삼사 대까지 이르게 하거니와"라는 구절 때문에 절망 속에서 살아갑니다. 자신의 아버지 혹은 할아버지가 하나님 앞에서 큰 죄인이었고 그렇기 때문에 자신이 당하는 불행은 정당한 것이라는 겁니다. 그래서 그들은 거기에 대해 반항할 생각조차 하지 못합니다.

하지만 예수님의 십자가는 모든 저주를 끊는 힘을 가지고 있습니다. 하나님께서는 우리가 모든 불의, 불행과 맞서 싸우기를 원하십니다. 왜냐하면 하나님께서 처음 인간을 창조하셨을 때는 그런 것이 없었기 때문입니다. 모든 저주와 불행은 인간의 죄로 말미암아 세상에 들어왔습니다. 그런데 예수님의 십자가는 죄의 모든 저주로부터 우리를 구원해 내는 능력을 가지고 있습니다. 십자가보다 강한 죄의 권세, 마귀의 권세는 존재하지 않습니다. 죄와 저주의 세력 밑에서 조용히 순종하며 살아가는 것은 결코 하나님의 뜻이 아닙니다.

물론 세상이 끝나는 날까지 이 땅위에 완전한 천국이 실현되지는 않을 것입니다. 그러나 우리가 살아가는 방향, 자세가 중요합니다. 우리는 어떤 상황 속에서건 저주, 불행, 불의와 싸우는 방향을 선택해야 합니다. 개인적 차원에서도 그렇고 사회적, 국가적 차원에서도 그렇습니다. 우리가 지금까지 그저 묵묵히 견뎌 왔던 죄의 고통, 저주의 고통은 무엇입니까? 지금부터는 그것에 대항하여 싸웁시다. 하나님께서는 그것을 원하십니다.

요한복음 9:13-23

20 그 부모가 대답하여 이르되 이 사람이 우리 아들인 것과 맹인으로 난 것
을 아나이다
21 그러나 지금 어떻게 해서 보는지 또는 누가 그 눈을 뜨게 하였는지 우리는
알지 못하나이다 그에게 물어 보소서 그가 장성하였으니 자기 일을 말하리이
다
22 그 부모가 이렇게 말한 것은 이미 유대인들이 누구든지 예수를 그리스도
로 시인하는 자는 출교하기로 결의하였으므로 그들을 무서워함이러라

용기 있는 신앙인이 되자

유대인들은 우선 맹인이었다가 다시 보게 된 자를 심문합니다. 그를 심문한 이유는 예수님이 그를 치료하신 날이 안식일이었기 때문입니다(14절). 그들은 안식일에는 병을 고쳐서는 안 된다는 자기들 나름대로의 규정을 가지고 있었습니다. 그들은 예수님이 그 규정을 어기셨기 때문에 하나님께로부터 온 자가 아니라고 생각했습니다(16절). 맹인에 대한 심문이 별 성과 없이 끝나자 이번에는

그 부모를 심문합니다(18절 이하).

이 세상의 부모들은 대개 자식의 고통을 자신이 떠안으려 합니다. 그런데 본문에 나오는 부모는 유대인들이 심문을 할 때, 그 대답의 책임을 자식에게 떠넘겨 버립니다. "그에게 물어 보소서 그가 장성하였으니 자기 일을 말하리이다"(21절). 22절은 그 원인을 "유대인들이 누구든지 예수를 그리스도로 시인하는 자는 출교하기로 결의하였으므로 그들을 무서워함이러라"라고 말하고 있습니다. 즉 출교의 두려움 때문이었다는 것입니다. 여기서 우리는 출교라는 것이 그 당시 얼마나 무서운 것이었는지를 간접적으로 알 수 있습니다. 그것은 비록 부모라 할지라도 출교의 두려움 때문에 자식에게 대답의 책임을 미룰 정도로 무서운 것이었습니다.

당시 출교에는 네 가지 종류가 있었습니다. '네지파'라는 것은 비공식적 징계로서 단순한 '책망'을 뜻합니다. '니두이'라는 것은 공식적인 징계로서 30일간 종교적인 공동생활이 금지되었습니다. 한 번으로 효과가 없을 때는 추가적으로 30일이 더 추가되었습니다. '헤렘'이라는 것은 무기한의 출교입니다. 그리고 '샴마타'라는 것이 있었는데 이것은 영구적인 출교를 뜻합니다. 본문에서의 출교가 그 네 가지들 중 어떤 것을 뜻하는지는 확실하지 않습니다. 그러나 그 부모들이 크게 두려워한 것으로 보아 '헤렘,' 혹은 '샴마타'였을 것입니다.

유대인들의 질문에 대해 부모가 "내 아들의 눈을 뜨게 해 준 이는 예수요. 그런 일을 했으니 그가 그리스도임에 틀림이 없소. 내 아들은 그냥 가만히 있다가 눈을 뜬 것밖에 없으니 그에게는 아무런 책임이 없소"라고 했다면 아들은 다치지 않고 부모들만 출교를 당했을 수도 있습니다. 그러나 만약 부모들이 자식에게 책임을 넘겨서, 아들이 심문을 당하다가 예수가 그리스도라는 고백을 하게 되면 아들이 출교를 당하게 됩니다.

부모는 그것을 알면서도 아들에게 심문의 책임을 돌린 것입니다. 유대인들에게 출교는 이토록 무서운 것이었습니다. 그렇기 때문에 그런 출교를 각오한, 소경이었던 자의 신앙고백은 정말로 대단한 것이었습니다. 자신의 모든 것을 내던진 신앙고백이었습니다. 우리도 그런 희생을 감수하고 신앙을 고백할 준비가 되어 있습니까?

30

요한복음 9:24-41

31 하나님이 죄인의 말을 듣지 아니하시고 경건하여 그의 뜻대로 행하는 자
의 말은 들으시는 줄을 우리가 아나이다
32 창세 이후로 맹인으로 난 자의 눈을 뜨게 하였다 함을 듣지 못하였으니
33 이 사람이 하나님께로부터 오지 아니하였으면 아무 일도 할 수 없으리이다

구원 받기 전의 원래 상태를 기억하자

맹인이었던 자의 부모가 사건해결의 책임을 아들에게 넘기자 유대인들은 다시 그를 부릅니다. 그리고 그를 이용하여 예수님을 정죄할 구실을 만들려고 노력합니다. 그들은 그에게 "너는 하나님께 영광을 돌리라 우리는 이 사람이 죄인인 줄 아노라"(24절)라고 말합니다. 이것은 대단히 교묘한 요구입니다. 네 스스로 그가 죄인이라고 말할 필요도 없이, 그저 우리가 하는 말에 동의만 하면 된다는 것입니다.

더구나 그들은 "너는 하나님께 영광을 돌리라"라는 말로 설득을

시작합니다. 평민들에게 종교 지도자들이 갖는 영적 권위는 엄청난 것이었습니다. 그런데 그 지도자들이 "네가 우리의 말에 대해 '그렇다'라는 대답만 한다면, 그것은 하나님께 영광을 돌리는 일이다"라고 보증을 서고 있는 것입니다.

이런 요구는 맹인이었던 자에게는 엄청난 부담이었을 것입니다. 그들이 요구하는 대답은 "예, 동의합니다"라고 하는 아주 간단한 것입니다. 그런데 그 대답이 간단한 만큼, 기대하는 대답이 나오지 않을 경우 거기에 대한 대가도 혹독할 것이 분명합니다. 이런 상황에서 예수님에 대한 정직한 신앙고백을 한다는 것은 정말 대단한 용기를 필요로 하는 일이었습니다.

그런데 그는 정확한 신앙고백을 합니다. 예수님은 하나님께로부터 온 분이며(33절), 경건하여 하나님의 뜻대로 행하는 자라는(31절) 고백을 한 것입니다. 도대체 그런 용기가 어디서 났을까요? 아마도 과거 맹인거지 생활의 고통이 그를 이렇게 만들었을 것입니다. 출교는 지금 꽤 행복하게 잘 살고 있는 자들에게나 두려운 일일 뿐입니다. 출교를 당해서 아무리 고난을 당한다 한들 지금까지 맹인거지로 살면서 겪어야 했던 고통만큼이야 하겠습니까(8절)? 예수님이 그 생활에서 자신을 구원해 주셨는데 출교 따위가 두려워서 그분을 배신한단 말입니까? 그것은 말도 안 되는 일이었습니다.

우리가 예수님을 위해 당할 수 있는 고통, 고난의 정도는 우리가 예수님을 알기 전의 상태가 어떠했음을 얼마나 절실히 깨닫고 있느냐에 달려 있습니다. 예수님을 알기 전에도 내가 그럴듯한 존재였다고 생각하는 사람은 주님을 위해 고통을 당할 수가 없습니다. 그러나 예수님을 알기 전에 내가 얼마나 비참한 상태에 있었는지를 아는 사람은 기꺼이 예수님을 위해 고난을 당하려 합니다. 당신은 주님을 알기 전의 상태를 기억하고 있습니까? 사탄의 종으로 죄악의 길로 끌려 다니다가 영원한 지옥에 떨어졌을 그 상태의 비참함을 기억하고 있습니까? 그것을 정확히 알고 있다면 복음을 위해 용기를 낼 수 있을 것입니다. 나의 원래의 상태를 늘 기억하며 사는 우리가 됩시다.

31

요한복음 10:1-21

10 도둑이 오는 것은 도둑질하고 죽이고 멸망시키려는 것뿐이요 내가 온 것
은 양으로 생명을 얻게 하고 더 풍성히 얻게 하려는 것이라
11 나는 선한 목자라 선한 목자는 양들을 위하여 목숨을 버리거니와

예수님이 나를 사랑하심을 믿자

예수님께서 자신을 선한 목자라고 소개하십니다. 선한 목자는 자기 양의 이름을 압니다(3절). 이것은 예수님과 우리 사이에 개인적인, 인격적 관계가 맺어져 있음을 뜻합니다. 우리가 예수님을 영접하여 하나님의 양 무리에 포함되는 순간, 우리와 예수님과의 개인적 관계가 시작되는 것입니다.

예수님은 결코 우리를 단체손님으로 취급하지 않으십니다. 교회를 담임하고 있는 목사이든, 혹은 주일학교 교사이든 자신들이 맡고 있는 영혼들을 절대로 단체손님으로 취급해서는 안 됩니다. 그

들의 숫자가 늘어나는 것을 기쁨으로 삼아서는 안 됩니다. 선한 목자는 양들 하나하나의 이름을 알고 그들의 특징을 압니다. 선한 목자는 양으로 생명을 얻게 하고 더 풍성히 얻게 하기 위하여 왔습니다(10절). 그는 자신의 양들을 위하여 목숨을 버립니다(11절). 예수님이 바로 우리의 선한 목자이십니다.

그분은 우리가 생명을 풍성히 누리기를 원하시고 우리를 위해 목숨을 바치셨습니다. 그러면 우리는 든든한 보호 속에서 그분을 따르며 평안을 누려야 하지 않습니까? 그런데 우리의 삶의 현실은 그렇지 못합니다. 마치 그런 선한 목자가 우리에게 계시지 않는 것처럼 생활합니다. 왜 그런 걸까요? 우리에게 믿음이 없기 때문입니다. 물론 예수님의 권능을 믿는 믿음은 우리 모두에게 있습니다. 그러나 그분이 오늘 본문이 소개하는 그런 선한 목자라는 믿음은 모두에게 있는 것이 아닙니다.

예수님께서 가다라 지방에서 귀신 들린 자들을 고치신 적이 있습니다. 귀신들은 돼지 떼에게 들어갔고 돼지들은 몰사했습니다. 이 소식을 들은 그 지방 사람들의 반응은 어땠습니까? 어처구니없게도 거기서 떠나시기를 구하는 것이었습니다(마 8:34). 왜 그랬습니까? 그 사람들은 예수님의 권능에 대해서는 의심이 없었지만, 예수님께서 그 큰 권능을 자신들의 유익을 위해 사용하실 수도 있다는 생각은 미처 하지 못했던 것입니다.

우리 주님은 능력이 있으십니다. 하지만 또한 나를 사랑하기도

하십니다. 우리가 섬기는 목자는 그런 분이십니다. 힘만 세고 이기적이거나 심술궂은 그런 존재가 아니십니다. 하나님을 기쁘시게 하기 위해서는 반드시 두 가지를 모두 믿어야 합니다. 하나는 그가 계시다는 사실, 다른 하나는 "그가 자기를 찾는 자들에게 상 주시는"(히 11:6) 분이라는 사실입니다. 혹시 하나님의 존재하심은 믿고 있지만 그분이 '선한 목자'이심은 아직 믿지 못하고 있지는 않습니까? 그것을 믿고 그분께 나를 맡깁시다.

32

요한복음 10:22-30

25 예수께서 대답하시되 내가 너희에게 말하였으되 믿지 아니하는도다 내가
내 아버지의 이름으로 행하는 일들이 나를 증거하는 것이거늘
26 너희가 내 양이 아니므로 믿지 아니하는도다
27 내 양은 내 음성을 들으며 나는 그들을 알며 그들은 나를 따르느니라

수전절이라는 절기

22절에 수전절이 등장합니다. 이 절기는 신약성경에 등장하는 절기들 중 구약성경에서 그 설명을 찾을 수 없는 유일한 절기입니다. 수전절에 대한 설명이 구약성경에 없는 것은 그것이 신구약중간기에 시작되었기 때문입니다. 유대인들은 주전 198년부터 셀류키드 왕조의 지배를 받았습니다. 셀류키드 왕조는 알렉산더 대왕이 죽은 후 그의 영토가 나뉘면서 생겼던 왕조들 중 하나입니다. 그들은 유대인들을 몹시 핍박했고 성전을 더럽혔습니다. 그들에게 저항하기 위해 주전 167년경에 마카비 전쟁이 발발합니다. 이 전쟁에

서 승리한 유대인들은 주전 164년경에 예루살렘을 탈환하고 성전을 깨끗이 정화한 후 다시 성전을 봉헌하는 축제를 만들었습니다. 8일 동안 계속되는 이 축제를 히브리어로는 '하누카'라고 하고, 영어로는 봉헌축제(the feast of dedication), 그리고 한글 번역으로는 '성전을 깨끗이 닦아서 봉헌한 절기'라는 의미로 '수전절'(修殿節)이라고 합니다.

주님의 인도하심에 순종하자

유대인들은 예수님을 에워싸고 이제 당신의 정체를 분명히 밝혀달라고 요청합니다(24절). 그러나 예수님은 이미 그 전에 자신이 그리스도이심을 충분히 밝히셨습니다. 문제는 듣는 자들의 믿음입니다. 그들이 믿음이 없기 때문에 예수님의 정체를 파악하지 못할 뿐입니다. 그리고 믿음의 결과는 예수님을 따르는 것입니다. 예수께서는 "그들은 나를 따르느니라"(27절)라고 말씀하십니다. 예수님을 따르지 않는 자들은 증거가 부족하기 때문에 그러는 것이 아닙니다. 그들은 단지 자신들의 마음을 스스로 굳게 닫고 있을 뿐입니다.

예수님을 따른다는 것은 그만큼 중요한 일입니다. 요한계시록 14장에는 십사만사천 명의 모범적인 성도들이 등장합니다. 그들의 중요한 특징이 무엇입니까? 성경은 그들에 대해 이렇게 말씀하고 있습니다: "어린양이 어디로 인도하든지 따라가는 자며"(계 14:4). 예수님의 제자의 첫 번째 조건은 그가 인도하시는 곳으로 어디든지 가는 것입니다. 그리고 예수님께서 마태복음 마지막 부분에서 제자들에게 만민으로 제자를 삼으라는 명령을 내리실 때도 가장 먼저 지적하신 것이 '가서'라는 것입니다(마 28:19). 주님의 제자는 우선 주님이 인도하시는 대로 따라가야 합니다.

물론 어디든지 간다고 할 때 그 일차적인 의미는 장소적인 것입니다. 예수님께서 나에게 아프리카에 가서 선교하라고 하시면 아프리카로 가야 하고, 남미로 가라고 하시면 남미로 가야 한다는 것입니다. 하지만 여기서 "어디로 인도하든지"라는 것을 반드시 장소적 개념으로만 해석할 필요는 없습니다. 우리는 이것을 인생의 상태에도 적용할 수 있습니다.

우리가 예수님의 제자라면 주님이 우리의 인생을 어떻게 만드시건 그것에 대해 이의를 제기하면 안 됩니다. 일단 예수님께 내 인생을 드렸으면, 그것은 더 이상 나의 것이 아닙니다. 낮추시면 낮아진 자리에서 충성하고, 높이시면 높아진 자리에서 충성하는 것입니다. 예수님을 따르는 자에게는 세상의 높고 낮음이 아무 의미가 없어야 합니다. 예수님이 우리를 어디로 인도하시건, 혹은 내 인생을 어떻게 만드시건, 그곳에서 그 상황에서 충성을 다해야 합니다.

33

요한복음 10:31-42

34 예수께서 이르시되 너희 율법에 기록된 바 내가 너희를 신이라 하였노라
하지 아니하였느냐
35 성경은 폐하지 못하나니 하나님의 말씀을 받은 사람들을 신이라 하셨거든
36 하물며 아버지께서 거룩하게 하사 세상에 보내신 자가 나는 하나님의 아
들이라 하는 것으로 너희가 어찌 신성모독이라 하느냐

자신에 대한 예수님의 증언

예수께서 "나와 아버지는 하나이니라"(30절)라고 하시자 이를 신성모독으로 받아들인 유대인들은 예수님을 돌로 치려고 합니다(31절). 이에 대해 예수님께서는 그들의 행동의 부당성과 예수님의 자기주장의 정당성을 설명하십니다. 유대인들의 입장에서는 지금 예수님이 대단히 교만하게 보였을 수도 있습니다. 그러나 예수님의 입장에서는 자신의 원래의 위치를 굳건히 지키며 그것을 설명하는 것은 지극히 정당한 일입니다.

하나님이 세우신 위치보다 자신을 더 낮추는 것은 겸손이 아니라 직무유기입니다. 각 사람은 하나님이 정해 주신 위치에 따라 자신의 역할을 성실하게 수행해야 할 책임이 있습니다. 장군이면 장군으로서의 역할이 있고 이등병은 이등병으로서의 역할이 있습니다. 장군이 매일 이등병이 해야 할 일을 하려고 한다면 그것을 겸손이라고 부르겠습니까? 장군이 작전회의에는 참석하지 않고 보초만 서려 한다면 그것은 겸손이 아니라 직무유기일 뿐입니다.

그런데 왜 많은 사람들은 자신의 위치를 부담스럽게 생각하며 담대하게 일을 처리하지 못할까요? 그곳에 자신을 세우신 분이 하나님이심을 잊었기 때문입니다. 유대인들이 예수님을 공격하지만 예수님은 자신의 신분, 자신의 위치를 포기하시려 하지 않습니다. 그 이유가 뭡니까? 예수님께서는 자신이 누구에 의해 보냄을 받았는지를 분명히 알고 계셨기 때문입니다(36절). 그렇기 때문에 그 어떤 상황에서도 당당하실 수 있었습니다.

우리도 마찬가지입니다. 우리의 직분이 무엇이건 우리를 그곳에 두시고 책임을 맡기신 분은 하나님이십니다. 하나님이 세우셨으니 그 일을 위한 권위도 하나님이 주신 것이고, 그 일을 감당할 힘도 하나님이 주십니다. 그러므로 우리는 내가 지금 있는 그 위치를 굳게 지키며 그곳에서 최선을 다해야 합니다. 그것이 바로 하나님이 원하시는 진정한 겸손입니다.

세례 요한의 권위는 기적이 아니었다.

41절에는 세례 요한에 대한 사람들의 평가가 나타납니다: "요한은 아무 표적도 행하지 아니하였으나 요한이 이 사람을 가리켜 말한 것은 다 참이라". 사람들은 세례 요한이 했던 말과 예수님의 사역을 비교합니다. 그리고 세례 요한의 말이 모두 사실임을 인정합니다. 그런데 여기서 우리가 마음에 담아야 할 내용이 있습니다. "요한은 아무 표적도 행하지 아니하였으나"(41절)라는 말입니다.

요한은 모세나 엘리사처럼 엄청난 기적을 행하지 않았습니다. 하지만 그는 예수님께로부터 "여자가 낳은 자 중에 세례 요한보다 큰 이가 일어남이 없도다"(마 11:11)라는 평을 받았고, 사람들에게는 진정한 선지자로 인정을 받았습니다(마 14:5). 그리고 심지어 그를 대적했던 헤롯 안디바조차 세례 요한의 권위를 인정하지 않을 수 없었습니다(막 6:20).

그의 권위는 어디에서 나왔을까요? 그가 바른 진리를 전하며 경건하게 살았기 때문입니다. 때로는 초자연적 기적도 필요하지만 그것이 가장 중요한 것은 아닙니다. 바른 삶을 살면서 바른 진리를 전하는 자는 이처럼 위대합니다. 우리도 그런 삶을 사모합시다.

34

요한복음 11:1-16

11 이 말씀을 하신 후에 또 이르시되 우리 친구 나사로가 잠들었도다 그러나
내가 깨우러 가노라
12 제자들이 이르되 주여 잠들었으면 낫겠나이다 하더라
13 예수는 그의 죽음을 가리켜 말씀하신 것이나 그들은 잠들어 쉬는 것을 가
리켜 말씀하심인줄 생각하는지라
14 이에 예수께서 밝히 이르시되 나사로가 죽었느니라

제자들의 두 가지 오해

예수께서 평소에 사랑하시던 나사로가 병들자 그 누이들이 예수님께 사람을 보내어 그곳으로 어서 오실 것을 청합니다(3절). 2절은 마리아를 "향유를 주께 붓고 머리털로 주의 발을 닦던 자"라고 소개하고 있습니다. 향유를 붓는 사건은 12장 3절에서 발생할 내용입니다. 따라서 본문의 시점에서는 아직 미래의 일이지만 마리아를 이렇게 소개한 이유는 요한복음이 네 권의 복음서들 중 가장 늦

게 기록되었기 때문입니다. 요한복음은 독자들이 이미 마태복음과 마가복음을 통해 그 이야기를 알고 있다는 것을 전제로 하고 있습니다.

나사로가 병든 소식을 들으셨을 때, 예수께서 즉시 베다니를 향해 떠나시지 않은 이유는, 나사로가 그 때 이미 죽은 상태였기 때문입니다. 마리아와 마르다가 사람들을 예수님께 보낸 직후에 나사로는 죽었습니다. 예수님을 모시러 온 사람들은 그것을 몰랐지만 예수님은 그것을 아셨습니다. 그렇기 때문에 예수님께서는 계시던 곳에 이틀을 더 머무셔서(6절) 그가 베다니에 이르렀을 때 나사로가 죽은 지 나흘이 되도록 하신 것입니다(17절). 유대인들은 사람이 죽은 후 사흘까지는 다시 소생할 가능성이 있지만, 시신이 부패하기 시작하는 나흘째가 되면(39절) 소생의 가능성이 완전히 없어진다고 생각했습니다.

오늘 본문에서는 제자들의 오해가 집중적으로 조명되고 있습니다. 제자들은 나사로의 죽음과 관련하여 두 번씩이나 큰 오해를 합니다(12, 16절). 제자들의 첫 번째 오해는 나사로의 죽음을 단지 잠을 자는 것으로 오해한 것입니다: "제자들이 이르되 주여 잠들었으면 낫겠나이다 하더라"(12절). 예수님께서는 이 오해를 풀어 주십니다: "이에 예수께서 밝히 이르시되 나사로가 죽었느니라"(14절). 이 과정을 통해 우리들이 확실하게 알게 된 것이 무엇입니까? 나사로의 죽음은 어떤 상징이나 환상이 아니고 실제적인 사실이었다는 것입니다. 그는 '확실히' 죽었습니다. 예수님 자신이 그 사실을 확증하고 계십니다.

두 번째 오해는 무엇입니까? 예수님이 나사로에게 가자고 한 말씀을 도마가 우리도 함께 죽으러 가자는 뜻으로 오해한 것입니다: "디두모라고도 하는 도마가 다른 제자들에게 말하되 우리도 주와 함께 죽으러 가자 하니라"(16절). 이 사실을 부각시킴으로써 요한복음이 강조하려고 하는 것이 무엇입니까? 예수님이 의도하셨던 것은 나사로를 실제로 '살리는' 일이었다는 것입니다. 그것은 완전히 죽은 사람을 다시 산 사람으로 만드는 매우 실제적인 일이었습니다.

죽은 사람을 살린다는 것은 워낙 믿기 힘든 기적이었기 때문에 초대교회 시절에 많은 사람들은 그것에 대해 의심을 가지고 있었습니다. 그 의심이란 "나사로가 설마 진짜 죽었던 것이겠어? 그냥 죽기 직전의 어떤 상태였겠지"라는 것과 예수님이 나사로를 살리셨다는 이야기가 실제적인 역사적 사실이 아니라 인간의 어떤 영적 상태의 변화를 나타내는 상징적인 이야기가 아니겠느냐는 것이었습니다.

하지만 나사로는 문자적으로 확실히 죽었었고, 예수님께서는 문자적으로 확실하게 죽은 자를 살리셨습니다. 그런데 그 사실들이 뚜렷하게 드러나게 된 계기가 바로 제자들의 어리석음과 오해였습니다. 제자들의 오해 덕분에 우리는 나사로는 확실히 죽었었으며,

예수님은 그를 실제로 다시 살리셨다는 사실을 분명하게 확인할 수 있었습니다. 제자들의 무지가 우리에게는 큰 유익이 된 것입니다.

우리도 마찬가지입니다. 우리들의 약함과 어리석음도 하나님 앞에서는 귀하게 사용될 수 있습니다. 하나님께서는 모든 것을 합력하여 선을 이루실 수 있는 능력이 있으십니다(롬 8:28). 우리의 부족함까지도 들어 쓰시는 선하신 하나님을 찬양합시다.

35

요한복음 11:17-32

25 예수께서 이르시되 나는 부활이요 생명이니 나를 믿는 자는 죽어도 살겠고
26 무릇 살아서 나를 믿는 자는 영원히 죽지 아니하리니 이것을 네가 믿느냐
27 이르되 주여 그러하외다 주는 그리스도시요 세상에 오시는 하나님의 아들
이신 줄 내가 믿나이다

마르다와 마리아의 영접

예수님께서 마르다와 마리아가 있는 베다니로 오셨습니다. 그러자 먼저는 마르다, 그리고 나중에는 마리아가 예수님께 나아와 영접을 합니다. 그런데 그들이 예수님을 영접한 방식과 그들에 대한 예수님의 반응에는 차이가 있습니다. 성경은 우리가 하나님을 어떻게 대하느냐에 따라 하나님이 바로 그런 방식으로 우리를 대하실 것이라고 말씀합니다. 사무엘하 22:26, 27은 "자비한 자에게는 주의 자비하심을 나타내시며 완전한 자에게는 주의 완전하심을 보이시며 깨끗한 자에게는 주의 깨끗하심을 보이시며 사특한 자에게는

주의 거스리심을 보이시리이다"라고 말씀합니다.

마르다와 마리아가 예수님을 처음 보았을 때 드린 말씀은 모두 똑같습니다: "주께서 여기 계셨더면 내 오라비가 죽지 아니하였겠나이다"(요 11:21, 32). 글자 하나 틀리지 않습니다. 그러나 그 말을 한 다음에 마르다와 마리아가 예수님을 대한 태도가 달랐기 때문에 그들에 대한 예수님의 반응도 다르게 나타났습니다.

마르다는 위의 말을 하고 난 후 22절에서 "그러나 나는 이제라도 주께서 무엇이든지 하나님께 구하시는 것을 하나님이 주실 줄을 아나이다"라고 말합니다. 나중에 마리아의 반응에 비해서는 다소 이론적이고 논리적인 태도입니다. 그러자 예수님께서도 마르다에게는 이론적인 설명을 해 주십니다. 예수님과 마르다의 대화는 21절부터 27절가지 이어집니다. "나는 부활이요 생명이니 나를 믿는 자는 죽어도 살겠고 무릇 살아서 나를 믿는 자는 영원히 죽지 아니하리니 이것을 네가 믿느냐"(25, 26절)라는 유명한 말씀도 이때 하신 말씀입니다. 하지만 이 대화의 결과로 나사로를 살리러 가시지는 않았습니다.

하지만 마리아는 달랐습니다. 그녀는 예수님께 무슨 말씀을 드리기 전에 그 발 앞에 엎드렸고(32절) 마르다와 똑같은 말을 한 후에는 예수님 앞에서 슬피 울었습니다(33절). 그러자 예수님이 어떤 반응을 보이십니까? 예수님도 함께 우셨습니다(35절). 마리아가 울었다는 게 무슨 뜻입니까? 자신의 가장 정직한 모습, 가장 진솔

한 모습을 예수님 앞에서 쏟아냈다는 것입니다. 예수님께서는 마리아와 더 이상 아무 대화도 하지 않으십니다. 하지만 그녀의 눈물을 멈추기 위해 나사로에게 가셔서 그를 살려내십니다.

하나님은 우리가 하나님을 그렇게 친밀히 대하기를 원하십니다. 자신의 가장 정직한 모습을 하나님께 드러내 보일 때 우리를 위해 역사를 이루어 주십니다. 우리도 이 시간 하나님께 나의 가장 정직한 모습을 보여 드려야 하지 않겠습니까?

36

요한복음 11:33-44

33 예수께서 그가 우는 것과 또 함께 온 유대인들이 우는 것을 보시고 심령
에 비통히 여기시고 불쌍히 여기사
34 이르시되 그를 어디 두었느냐 이르되 주여 와서 보옵소서 하니
35 예수께서 눈물을 흘리시더라

예수님의 눈물

나사로의 무덤은 돌로 막혀 있었습니다(38절). 유대인들의 무덤은 대개 가족무덤입니다. 안에 비교적 큰 석실을 만들고 그 벽면에 다시 좁고 긴 구멍을 파서 그곳에 시신을 안치합니다. 그리고 다음 번에 장례가 발생하면 벽면 다른 곳에 또 구멍을 파고 시신을 안치하는 것입니다. 이렇게 하나의 무덤을 여러 번에 걸쳐서 사용했기 때문에 석실의 입구는 맷돌처럼 생긴 커다란 돌을 굴려서 막아 놓았습니다.

마리아가 우는 모습을 보신 예수님은 그 자신도 눈물을 흘리셨

습니다(35절). 그런데 이 눈물에 대해서는 우리가 생각을 좀 해 봐야 합니다. 다른 사람들의 눈물과 예수님의 눈물은 다릅니다. 다른 사람들은 나사로가 죽었으니 이제 다 끝났다고 생각해서, 슬퍼서 우는 것입니다. 그러나 예수님은 처음부터 나사로가 부활할 것을 알고 계셨습니다. 나사로가 병들었다는 소식을 들으셨을 때 예수님께서는 "이 병은 죽을 병이 아니라 하나님의 영광을 위함이요 하나님의 아들로 이를 인하여 영광을 얻게 하려 함이라"(요 11:4)라고 말씀하셨습니다. 그러니까 그때 이미 예수님께서는 베다니로 가셔서 나사로를 살리실 계획을 가지고 계셨습니다.

그런데 지금 왜 우시는 겁니까? 다른 사람들은 다 울어도, 예수님은 빙그레 미소를 지으시며 마리아에게 "마리아야, 이제 조금만 기다려봐라. 좋은 일이 있을 것이다"라고 하셔야 하는 것 아닙니까? 예수님이 왜 우시는 걸까요? 예수님의 눈물은 어떤 계산에서 나온 것이 아니었습니다. 그냥 예수님이 사랑하시는 사람이 우니까 자동적으로 흘리신 그런 눈물이었습니다. 아무리 모든 것을 다 아셨다고 해도, 사랑하는 자의 눈물을 보시자 눈물을 주체할 수가 없으셨던 것입니다.

어려울 때 우리를 돕는 사람들이 많이 있습니다. 몸이 아프면 의사들이 우리를 돕고, 법적인 문제에 휘말리면 변호사가 우리를 돕습니다. 그러나 변호사나 의사는 우리와 함께 울지는 않습니다. 하지만 예수님은 우십니다. 내가 아프면 예수님도 아파하십니다.

내가 서러우면 예수님도 서러워하십니다. 내가 외로우면 예수님도 외로워하십니다.

히브리서는 이것을 "우리에게 있는 대제사장은 우리의 연약함을 동정하지 못하실 이가 아니요"(히 4:15)라고 표현합니다. 우리가 섬기며 사는 예수님은 그런 분이십니다. 그 분은 저 하늘의 모든 별들을 창조하신 위대하고 크신 창조자이시지만 나를 위해 피를 흘려주셨고 내가 우는 모습을 볼 때에 나와 함께 울어주시는 그런 분이십니다. 우리는 그런 분을 주님으로 섬기고 있습니다. 멋지지 않습니까? 그런 분을 알게 되었다는 것, 그분을 믿게 되었다는 것, 그 분을 섬기며 살게 되었다는 것, 정말 멋진 일 아닙니까? 우리에게 이런 큰 복을 허락하신 하나님을 찬양합시다.

37

요한복음 11:45-57

49 그 중에 한 사람 그 해 대제사장인 가야바가 그들에게 말하되 너희가 아
무 것도 알지 못하는도다
50 한 사람이 백성을 위하여 죽어서 온 민족이 망하지 않게 되는 것이 너희
에게 유익한 줄을 생각하지 아니하는도다 하였으니
51 이 말은 스스로 함이 아니요 그 해에 대제사장이므로 예수께서 그 민족을
위하시고
52 또 그 민족만 위할 뿐 아니라 흩어진 하나님의 자녀를 모아 하나가 되게
하기 위하여 죽으실 것을 미리 말함이러라

가야바의 증언

예수님께서 나사로를 살리신 것을 본 많은 유대인들이 그분을 믿었습니다(45절). 그러나 이 일은 예수님을 대적하던 유대 지도자들에게는 치명적인 소식이었습니다. 그들은 예수님이 따르는 자들이 많아질 경우 결국 그들이 폭동을 일으킬 것이고, 그러면 로마인들이 이스라엘 땅을 짓밟게 될 것이며, 결국 자신들이 현재 누리고

있는 기득권도 없어질 것이라고 생각했습니다(48절).

그런데 그 때 대제사장인 가야바가 주목할 만한 발언을 합니다. "한 사람이 백성을 위하여 죽어서 온 민족이 망하지 않게 되는 것이 너희에게 유익한 줄을 생각하지 아니하는도다"(50절)라는 말입니다. 그가 이 말을 했을 때 의미했던 것은 "예수 한 사람을 죽여서 온 나라가 위험에 빠지지 않게 만드는 것이 더 좋다"라는 것이었습니다. 그러나 그 발언을 달리 해석하면 예수님 한 분의 희생으로 말미암아 많은 이들에게 구원을 가져다주게 된다는, 그야말로 십자가와 구원의 관계를 기가 막히게 설명한 명언이었습니다.

그런데 어떻게 예수님을 십자가에 못 박는 일에 앞장섰던 악한 대제사장이 그런 훌륭한 말을 할 수 있었을까요? 정답은 그가 가지고 있던 대제사장이라는 직분 때문이라는 것입니다(51절). 하나님이 세우신 직분들은 그 자체에 권위가 있습니다. 비록 가야바라는 인간 자신은 형편없는 자였지만 그에게 허락하신 직분 때문에 하나님께서는 그를 사용하셨던 것입니다.

이렇게 직분 자체로 인해 하나님의 역사가 나타났던 예가 또 있습니다. 한나에 대한 엘리 제사장의 축복이 바로 그것입니다. 한나가 자식을 못 낳는 자신의 사정을 설명하자 엘리는 "평안히 가라 이스라엘의 하나님이 네가 기도하여 구한 것을 허락하시기를 원하노라"(삼상 1:17)라고 말합니다. 한나는 엘리의 이 축복을 통해 사무엘을 낳습니다. 사사들 중 가장 신통찮은 사사를 꼽으라고 한다면 아마도 엘리가 꼽힐 것입니다. 사사들 중에 하나님의 법궤를 적에게 빼앗겼던 사사는 엘리밖에 없습니다. 자식 교육도 엉망으로 시켜서 두 아들이 하나님의 저주를 받아 죽습니다(삼상 4:11). 그러나 하나님께서는 그의 말에 능력이 있게 하셨습니다. 사사라는 그의 직분 때문이었습니다.

사도 바울은 데살로니가전서 2:13에서 "이러므로 우리가 하나님께 쉬지 않고 감사함은 너희가 우리에게 들은 바 하나님의 말씀을 받을 때에 사람의 말로 아니하고 하나님의 말씀으로 받음이니 진실로 그러하다 이 말씀이 또한 너희 믿는 자 속에서 역사하느니라"라고 말씀합니다. 비록 사도 바울 자신은 부족한 자라 할지라도 그가 전하는 말씀이 하나님의 말씀이라는 것이 확실할 때 그것을 하나님의 말씀으로 받으면 그 말씀이 믿는 자 속에서 역사한다는 것입니다.

이것은 하나님의 말씀을 전하는 자들에게는 위로와 겸손을 동시에 가져다줍니다. 하나님의 말씀을 전하는 자들은 자신이 그 일을 하기에는 너무 부족하다고 생각하며 괴로워합니다. 하지만 하나님께서 그를 그 자리에 세우셨다면 안심해도 됩니다. 하나님께서는 때로는 그 사람 자신을 보셔서가 아니라 하나님이 맡기신 그 직분 때문에 그의 말에 권위가 있게 하십니다.

또 이 사실은 그를 겸손하게 만듭니다. 그가 전하는 말씀으로 큰 역사가 나타났다 해도 그것은 자신이 잘난 것과는 아무 상관이 없기 때문입니다. 하나님께서 자신의 이름을 위하여 역사하신 것입니다. "그러나 여호와께서는 자기의 이름을 위하여 그들을 구원하셨으니 그의 큰 권능을 만인이 알게 하려 하심이로다"(시 106:8).

자신이 하나님의 종이라는 사실을 너무 내세우며 권위를 주장하는 목회자들도 문제이지만, 하나님이 세우신 직분을 무시하는 것도 큰 문제입니다. 그것은 결국 성도들에게 큰 손해를 가져다줍니다. 누구를 통해서 하나님의 말씀이 전해지든지 그것이 성경이 전하는 하나님의 말씀임이 분명할 때에는 그것을 믿음으로 받아들여야 합니다. 그럴 때 그 말씀이 내 속에서 역사합니다. 늘 하나님의 말씀을 사모하며 그것을 존중하며 사는 우리가 됩시다.

38

요한복음 12:1-19

12 그 이튿날에는 명절에 온 큰 무리가 예수께서 예루살렘으로 오신다는 것
을 듣고
13 종려나무 가지를 가지고 맞으러 나가 외치되 호산나 찬송하리로다 주의
이름으로 오시는 이 곧 이스라엘의 왕이시여 하더라
14 예수는 한 어린 나귀를 보고 타시니
15 이는 기록된 바 시온 딸아 두려워하지 말라 보라 너의 왕이 나귀새끼를 타
고 오신다 함과 같더라

마리아의 통찰력

본문에는 두 가지 사건들이 등장합니다. 마리아가 예수의 발에 향유를 붓는 사건과(1-11절), 예수님의 예루살렘 입성 사건입니다(12-19절). 여인이 예수님께 향유를 붓는 사건은 네 권의 복음서에 모두 등장합니다(마 26:7; 막 14:3; 눅 7:37; 요 12:3). 성경해석자들은 이중 누가복음의 것을 제외하고 나머지 세 개는 같은 사건을 기록한 것으로 봅니다.

향유를 붓는 사건에서 돋보이는 것은 여인의 영적 통찰력입니다. 예수께서는 "그를 가만 두어 나의 장례할 날을 위하여 그것을 간직하게 하라"(7절)라고 말씀하십니다. 이 말씀의 의미는 "그녀는 나의 장례식을 위해 그 향유를 샀다. 이제 죽음을 앞둔 나를 위해 그 일부를 사용했는데, 후에 나의 장례에 사용하기 위해 남은 향유를 잘 간직하도록 그녀를 내버려두라"라는 것입니다.

유다는 "이 향유를 어찌하여 삼백 데나리온에 팔아 가난한 자들에게 주지 아니하였느냐"(5절)라고 따지지만 마리아가 가난한 이웃을 생각하는 마음이 없기 때문에 예수님께 향유를 부은 것은 아닙니다. 죄인들을 구원하기 위한 예수님의 죽음을 기리고, 예수님께 경배를 드리기 위해서는 그 정도의 돈은 충분히 헌신할 가치가 있다고 판단한 것입니다. 그 당시 예수님의 제자들은 예수님의 죽음에 대해 별로 인식을 하지 못하고 있었습니다. 그들에 비해 마리아는 놀라운 영적 통찰력을 보여주고 있습니다.

예수님의 예루살렘 입성

그 다음에는 예루살렘 입성 장면이 이어집니다. 요한복음 12:15은 이 장면을 스가랴 9:9의 실현으로 소개합니다: "시온의 딸아 크게 기뻐할지어다… 보라 네 왕이 네게 임하시나니… 나귀를 타시

나니 나귀의 작은 것 곧 나귀새끼니라." 그런데 15절에는 스가랴서에 없는 말씀이 추가되어 있습니다. 그것은 "시온 딸아 두려워하지 말라"라는 말씀입니다.

왜 두려워하지 말라는 말씀이 나오겠습니까? 그것은 예수님께서는 자신의 죄로 인해 두려워하는 백성들에게 임하신다는 말입니다. 죄로 인해 하나님 앞에서 두려워하는 자들에게는 예수님이 임하십니다. 그러나 떳떳이 고개를 들고 자기의 의에 만족해 있는 자들에게는 두려움이 없습니다. 예수님은 그들에게는 임하시지 않습니다.

예수님께서는 전적으로 자신의 무가치함을 고백하고 예수님을 왕으로 섬길 준비가 되어 있는 자들에게만 임하십니다. 그들에게는 겸손히 나귀새끼를 타고 임하십니다. 두려워하지 말라고 하시며 임하십니다. 그러나 예수님을 대적하는 자들에게는 무서운 심판의 주로 임하실 것입니다(계 6:16). 두려워 떠는 죄인들을 위해 예루살렘에 임하시는 주님을 찬양합시다.

39

요한복음 12:20-30

20 명절에 예배하러 올라온 사람 중에 헬라인 몇이 있는데
21 그들이 갈릴리 벳새다 사람 빌립에게 가서 청하여 이르되 선생이여 우리
가 예수를 뵈옵고자 하나이다 하니
22 빌립이 안드레에게 가서 말하고 안드레와 빌립이 예수께 가서 여쭈니
23 예수께서 대답하여 이르시되 인자가 영광을 얻을 때가 왔도다

헬라인들의 도래와 영광의 때

헬라인 몇 명이 예배를 드리기 위해 올라왔습니다(20절). 여기서 '올라가다'라는 헬라어 단어의 문자적 의미는 단순히 '위쪽으로 올라가다'입니다. 하지만 신약성경에서 이 단어는 예루살렘으로 가는 것을 뜻하는 전문용어로 사용됩니다. 이를테면 사도 바울이 제2차 전도여행을 마쳤을 때 "가이사랴에 상륙하여 올라가 교회의 안부를 물은 후에"(행 18:22)라고 되어 있는데, 이 구절에 '예루살렘'이라는 지명이 나오지 않지만 모든 성경지도에는 제2차 전도여

행 마지막에 예루살렘을 방문한 것으로 나옵니다. 왜냐하면 '올라가'라는 단어 때문입니다. 예루살렘은 고지대에 있었기 때문에 이런 표현이 생겼습니다.

헬라인들은 우선 예수님의 제자들 중 헬라식 이름을 가진 빌립에게 접근합니다(21절). 이방인이 예수님을 뵙고자 한다는 뜻밖의 상황을 접하게 되자 빌립은 역시 자신처럼 헬라식 이름은 가진 안드레에게 도움을 청합니다(22절). 그들이 함께 예수님께 가서 헬라인이 예수님을 뵙기를 원한다는 소식을 전합니다.

그러자 예수님께서는 "인자가 영광을 얻을 때가 왔도다"(23절)라는 엄청나게 중요한 말씀을 하십니다. 요한복음에서 '때'란 십자가의 때를 말합니다. 그런데 이제까지는 예수님의 때가 아직 이르지 않았다는 언급들만 등장했었습니다. 예를 들자면 어머니 마리아가 가나의 혼인잔칫집에서 포도주가 떨어졌다는 말을 했을 때도 "여자여 나와 무슨 상관이 있나이까 내 때가 아직 이르지 아니하였나이다"(요 2:4)라고 하셨고, 그의 육신의 형제들이 명절에 예루살렘으로 올라가라고 요구할 때도 "내 때가 아직 차지 못하였으니 나는 이 명절에 아직 올라가지 아니하노라"(요 7:8)라고 말씀하셨습니다. 그리고 유대인들이 예수님을 체포하지 못한 이유에 대해서도 요한복음은 "잡는 사람이 없으니 이는 그의 때가 아직 이르지 아니하였음이러라"(요 8:20)라고 설명하고 있습니다. 때가 아직 이르지 않은 것입니다.

그런데 헬라인들이 예수님을 뵙기를 청한다는 소식을 들으시자 예수님이 직접 처음으로 "영광을 얻을 때" 즉 십자가의 때가 왔다고 말씀을 하신 것입니다. 이것은 역사적인 순간입니다. 그런데 도대체 왜 헬라인들의 도래가 십자가의 때를 알리는 사인이 되었을까요?

지금까지는 오직 유대인들만이 예수님에 대해 관심을 보였습니다. 그 상태에서 예수께서 십자가에 못 박히신다면 유대인들은 예수님을 믿을 수 있지만 이방인들에게 구원의 소식이 전해지기는 힘들었을 것입니다. 그러나 이제는 이방인 사이에서도 예수님에 대한 관심이 높아지기 시작했습니다. 예수님을 찾아와서 인터뷰를 청하는 헬라인들이 그 증거입니다. 그러므로 "인자가 영광을 얻을 때가 왔도다"라는 말씀은 "이제는 내가 십자가에 못 박혀 죽으면 유대인들만이 아니라 이방인들도 구원을 얻을 만큼 이방인들 사이에서도 분위기가 성숙되었다"라는 의미입니다. 예수님께서는 헬라인들의 출현을 하나님 아버지께서 주신 사인으로 받아들이신 것입니다.

하나님의 일에는 항상 때가 있습니다. 그 때가 되기 전에 일을 시작하면 일이 제대로 되지 않습니다. 우리는 대개 하나님에 비해 조급합니다. 그래서 먼저 일을 시작했다가 낭패를 보고 후회합니다. 우리는 하나님이 사인을 주실 때까지 기다릴 줄 알아야 합니다. 예수님께서 아버지의 사인을 기다리셨다가 십자가를 지셨듯이 우리도 하나님의 때를 기다렸다가 그 뜻에 순종하는 삶을 살아야 할 것입니다.

40

요한복음 12:31-36

35 예수께서 이르시되 아직 잠시 동안 빛이 너희 중에 있으니 빛이 있을 동
안에 다녀 어둠에 붙잡히지 않게 하라 어둠에 다니는 자는 그 가는 곳을 알
지 못하느니라
36 너희에게 아직 빛이 있을 동안에 빛을 믿으라 그리하면 빛의 아들이 되리
라 예수께서 이 말씀을 하시고 그들을 떠나가서 숨으시니라

진리에 대해 결단하라

31절과 32절은 예수님의 십자가 죽음이 모든 인류에게 영향을 미칠 것을 말씀하고 있습니다. 십자가로 인해 쫓겨나게 될 왕은 어떤 한 지역의 왕이 아니라 이 세상의 왕 즉 사탄입니다(31절). "내가 땅에서 들리면"(32절)이라는 말씀은 중의법을 사용하고 있습니다. 즉 십자가가 땅에서 들리는 것과 예수님이 부활 후에 하늘로 오르시는 것 모두를 표현하고 있습니다. 예수님이 땅에서 들리시면 자신에게로 인도하실 사람들은 단지 유대인들만이 아닙니다.

그것은 세상의 '모든 사람들'입니다(32절).

메시야에 대해 자신들만의 편협된 개념을 가지고 있던 유대인들은 예수님의 말씀에 대해 이의를 제기하며 질문을 던집니다(34절). 메시야는 유대인들의 왕으로 이 땅 위에서 영원히 다스려야 하는데 그가 어떻게 하늘로 올라가느냐는 것입니다. 하지만 예수님께서는 그 질문에 대답하시는 대신 빛과 어둠이라는 상징을 사용하여 그들에게 결단을 촉구하십니다(35, 36절).

그런데 36절의 마지막 부분이 의미심장합니다. 본문은 예수님께서 그들을 떠나가서 숨으셨다고 말씀합니다. 단지 그 이후로는 사람들에게 다시 나타나지 않으셨다는 의미라면 굳이 '숨으시니라'라는 표현을 쓸 필요는 없었을 것입니다. 숨으셨다는 것은 사람들이 예수님을 찾는다 해도 찾을 수 없도록 하기 위해 의도적으로 자신을 감추셨다는 것을 뜻합니다. 예수님께서 왜 그렇게 하셨을까요?

여기에는 두 가지 뜻이 있습니다. 첫째는 지금까지 너희에게 제시할 것은 다 제시했으니 이제는 결단을 내리라는 것입니다. 그들은 결단에 필요한 모든 자료를 가지고 있습니다. 지금 예수님께서는 자신을 숨기심으로써 사람들로 하여금 예수님의 말에 대해 스스로 평가하고 결단을 내리도록 하십니다.

둘째는 이제는 예수님을 육체적으로 따라다닐 수 있는 시기가 끝나고 믿음의 시기가 시작되었다는 것입니다. 요한복음 13장 이후에는 대중들이 아니라 제자들만을 상대로 한 사역이 진행됩니다. 공적 가르침은 12장이 마지막입니다. 그렇기 때문에 예수님께서는 "빛을 믿으라"라고 말씀하시고 숨으십니다. "너희가 내 말을 받아들이겠느냐? 그러면 마음속으로 나를 믿으라. 그것이 나를 따르는 길이다"라고 하시는 것입니다.

살다 보면 이제는 스스로 신앙의 결단을 내려야 할 때가 있습니다. 우리는 하나님께 뭔가를 알려달라고, 자료를 더 달라고 요구하지만 우리의 결단에 필요한 자료는 이미 충분히 주신 경우가 있습니다. 하나님께서는 숨으셔서, 즉 침묵하시면서 우리의 결단을 기다리고 계실 때가 있습니다. 혹시 지금이 그런 때가 아닙니까? 올바른 결단을 내립시다.

41

요한복음 12:37-50

42 그러나 관리 중에도 그를 믿는 자가 많되 바리새인들 때문에 드러나게 말
하지 못하니 이는 출교를 당할까 두려워함이라
43 그들은 사람의 영광을 하나님의 영광보다 더 사랑하였더라

세상의 영광을 사랑하지 말라

사람들은 기적을 신기하게 생각합니다. 그렇기 때문에 우리가 예수님의 이름으로 기적만 일으킬 수 있다면 많은 사람들이 하나님을 믿을 것이라고 생각합니다. 그런데 본문은 그렇게 말씀하고 있지 않습니다. 예수님께서 많은 기적을 행하셨지만 유대인들은 그분을 믿지 않았습니다(37절). 요한복음은 이사야의 예언을 두 번이나 인용하며(38, 39절) 그들의 불신이 이미 하나님께서 예견하셨던 일이었음을 지적하고 있습니다. 그들이 스스로 마음의 눈을 닫고 불신의 길을 택한 것입니다.

그런데 예수님이 행하신 그 많은 기적들을 직간접적으로 경험했음에도 불구하고 유대인의 지도자들이 끝내 예수님을 거부한 이유가 무엇이었을까요? 본문에 따르자면 그것은 그들이 사람의 영광을 하나님의 영광보다 더 사랑했기 때문입니다(43절). 그런데 사람들은 왜 사람의 영광을 하나님의 영광보다 더 사랑할까요?

가장 간단한 이유는 부활을 믿지 못하기 때문입니다. 부활을 진정으로 믿는 자는 이 세상에서의 삶을 영생을 위한 준비단계로 여깁니다. 그렇기 때문에 짧은 인생을 사는 동안 굳이 자신의 헌신에 대한 보상을 받으려 하지 않습니다. 그러나 부활을 믿지 못하는 자는 이 세상에서 자신의 수고의 모든 결과를 직접 체험하고 누려야 합니다. 그렇기 때문에 사람들 사이에서 영광을 찾습니다. 특히 나이가 많아져서 이 세상에서 영광을 누릴 시간이 얼마 남지 않게 되면 노골적으로 사람들 사이에서의 영광을 추구합니다. 그런 자들은 참으로 추하게 인생 말년을 보내다가 아무도 아끼는 사람이 없는 가운데 세상을 떠나게 됩니다.

그런데 부활을 믿으면서도 세상의 영광을 더 사랑하는 자들이 있습니다. 그 이유는 무엇일까요? 세상의 영광에 대한 유혹이 너무 가까이에 있기 때문입니다. 부활은 우리의 머릿속에, 믿음 속에 존재합니다. 아직은 먼 곳에 있는 어떤 것입니다. 그러나 인간의 영광은 바로 가까이에 있으면서 끊임없이 우리를 유혹합니다. 너무 강한 유혹이 너무 자주, 너무 오래 계속되면 인간은 넘어질 수밖에 없습니다. 우리는 너무 약합니다.

그렇다면 우리는 어떻게 해야 할까요? 예수님과 늘 함께 있으면서 그분을 의지하는 수밖에 없습니다. 예수님께서는 자신이 빛으로 세상에 왔다고 말씀하십니다(46절). 예수님은 천국으로 우리를 인도하시는 빛이시자 나의 삶을 비추는 빛이십니다. 그 빛을 따라 살아갈 때 천국의 소망이 더욱 강해질 것입니다. 그 빛으로 나의 삶을 비출 때 지금 나를 유혹하는 세상의 영광이 얼마나 헛된 것인지를 밝히 볼 수 있게 될 것입니다. 그것을 보는 자는 세상 영광의 유혹에 쉽게 넘어가지 않을 것입니다.

42

요한복음 13:1-17

3 저녁 먹는 중 예수는 아버지께서 모든 것을 자기 손에 맡기신 것과 또 자
기가 하나님께로부터 오셨다가 하나님께로 돌아가실 것을 아시고
4 저녁 잡수시던 자리에서 일어나 겉옷을 벗고 수건을 가져다가 허리에 두르
시고
5 이에 대야에 물을 떠서 제자들의 발을 씻으시고 그 두르신 수건으로 닦기
를 시작하여

유월절 전날의 일과

예수님께서는 유월절 만찬을 잡수시고 난 후 제자들의 발을 씻어 주셨습니다. 유월절(무교절)은 아빕월(니산월) 15일부터 21일까지 계속되는 축제입니다. 그 하루 전날인 14일은 유월절을 준비하는 날로서 이 날에는 일상적인 직업 활동을 하지 않았습니다. 그 대신에 누룩을 제거하기 위한 집안청소, 쓴 나물 등의 유월절 물품의 구입, 유월절 양을 제사장에게 끌고 가서 잡아오기 등의 일을 하

며 분주하게 하루를 지냈습니다. 그리고 14일 저녁에 해가 지면 정식으로 15일 즉 유월절이 시작되었습니다. 왜냐하면 유대인들의 하루는 해가 지는 시간을 시작으로 삼았기 때문입니다. 창세기 1장에서 계속해서 "저녁이 되고 아침이 되니"라는 표현이 등장하는 것도 그 때문입니다(5, 8, 13, 19, 23, 31절). 요한복음은 이방인 독자들이 이해하기 좋도록 14일 저녁을 그냥 '유월절 전'이라고 표현하고 있습니다(1절).

제자들의 발을 씻어 주심

예수님께서는 유월절 만찬 후에 제자들의 발을 씻어 주셨습니다. 그들은 샌들을 신고 다녔기 때문에 발이 몹시 더러웠습니다. 그래서 주인의 발을 씻긴다는 것은 그 당시 종들 중에서도 가장 천한 종이 했던 일이었습니다. 그 당시 랍비의 제자들은 스승을 위해 종이 하는 모든 일을 해야 했습니다. 하지만 단 한 가지 면제 받은 일이 있었는데 그것은 스승의 발을 씻는 일이었습니다. 발을 씻는다는 것은 그토록 천한 일이었습니다.

그런데 예수님께서는 제자들의 발을 씻어 주셨습니다(5절). 그리고 제자들에게도 서로 발을 씻어주라고 명령하셨습니다(14절). 그런데 우리는 주님의 제자들이라고 하면서도 서로 다른 사람의 발을 씻어주는 일을 하지 못합니다. 자신을 선뜻 낮추지 못합니다. 왜 그렇습니까? 대개의 경우 불안하기 때문입니다. 내가 그들을 섬겨 주면 그들이 오히려 그것을 당연히 여기고, 나를 업신여길 것이라는 걱정이 있는 겁니다. 그래서 함부로 자신을 낮추지 못합니다. 더구나 권위를 중시하는 한국에서는 특히 자신을 낮추기가 힘듭니다.

우리가 지금 예수님의 교훈을 실천하려면 기억해야 할 것이 있습니다. 그것은 우리의 권위는 하나님으로부터 온 것이라는 사실입니다. 내가 잘나서 그것을 획득한 것이 아닙니다. 성경은 "무릇 높이는 일이 동쪽에서나 서쪽에서 말미암지 아니하며 남쪽에서도 말미암지 아니하고 오직 재판장이신 하나님이 이를 낮추시고 저를 높이시느니라"(시 75:6,7)라고 말씀합니다. 그러므로 내가 아무리 겸손히 다른 이들을 섬긴다 해도 하나님이 나를 낮추시지 않는 이상 내 위상에는 변함이 없을 것입니다. 그러므로 하나님의 주권을 믿는 이들은 아무 걱정 없이 자신을 낮출 수 있습니다. 자신을 낮추는 일이야말로 진정한 용기가 필요한 일입니다. 내가 가지고 있는 권위가 내가 노력해서 성취한 것이 아니라 하나님이 내게 맡겨 주신 것이라는 믿음이 있어야 할 수 있는 일입니다. 우리에게 그런 믿음이 있습니까?

43

요한복음 13:18-30

18 내가 너희 모두를 가리켜 말하는 것이 아니니라 나는 내가 택한 자들이 누
구인지 앎이라 그러나 내 떡을 먹는 자가 내게 발꿈치를 들었다 한 성경을
응하게 하려는 것이니라

유다의 배신

본문은 가룟 유다가 예수님을 배신하기 위해 식사 자리를 떠나기까지의 마지막 과정을 소상하게 소개해 주고 있습니다. 본문은 정말로 슬픈 이야기입니다. 우리는 이 장면을 읽을 때 예수님의 마음을 이해하고 함께 눈물을 흘릴 수 있어야 합니다. 예수님께서는 18, 19절에서 시편 41:9을 인용하시며 가룟 유다에게 간접적으로 경고를 보내셨습니다. 간접적으로 경고를 보내셨다고 하는 이유는 직접 유다의 이름을 거명하지는 않으셨기 때문입니다. 이것이 유다에게는 회개하고 예수님께도 돌아올 수 있는 첫 번째 기회였습니

다. 하지만 유다는 회개하지 않았습니다.

19절의 말씀을 하셨을 때 가룟 유다는 예수님 앞에 엎드려 자신의 죄를 고백하며 부르짖었어야 합니다. 그러나 유다는 꿈쩍도 하지 않습니다. 그래서 예수님께서는 결국 가장 직설적인 표현을 사용하십니다: “너희 중 하나가 나를 팔리라”(21절). 결국에는 이 말씀까지 하셔야 했습니다. 수년 동안 기쁨과 슬픔을 함께 하며 제자들을 양육하셨지만, 결국 그들 중 하나가 자신을 팔아넘기는 것입니다. 간접적인 방법으로 유다의 마음을 돌리려 했지만 그는 완고한 마음을 바꾸지 않았습니다. 그래서 결국 스승의 입에서 이런 직접적인 말까지 나와야 했던 것입니다.

그 직설적인 말씀을 하시기 전의 예수님의 심정을 표현한 단어가 바로 “심령에 괴로워”(21절)라는 표현입니다. 헬라어 원어의 의미는 심히 흔들리셨다는 뜻입니다. 이것은 십자가에 대한 결심이 흔들리셨다는 것이 아닙니다. 자신을 팔려는 제자에게 마지막 경고, 차마 입에 담기 싫으셨던 직접적인 경고를 말씀하시기 전에 그 마음이 동요하셨다는 것입니다. “너희 중 하나가 나를 팔리라”라는 이 말씀을 예수님은 얼마나 하기 싫으셨겠습니까? 이 말씀을 하기 전에 가룟 유다가 마음을 돌리고 회개하기를 언제나 간절하게 바라셨겠습니까? 하지만 야속하게도 유다는 그렇게 해 주지 않았습니다. 그래서 정말 처절한 심정으로 마지막 희망을 담아 또 한 번의 경고를 주시는 것입니다.

하지만 유다는 떠나갔습니다. 그래서 예수님께서는 정말 최후로 행동을 수반한 경고를 하십니다. "내가 떡 한 조각을 적셔다 주는 자가 그니라 하시고 곧 한 조각을 적셔서 가룟 시몬의 아들 유다에게 주시니"(26절). 하지만 그것마저도 소용이 없었습니다. 유다는 그곳을 떠나 밖으로 나갔습니다. 예수님을 팔아넘기기 위해 어둠 속으로 사라졌습니다(30절). 자신을 배신하기 위해 나가는 제자의 뒷모습을 지켜보시던 주님의 마음이 어땠겠습니까? 그 주님의 마음을 우리는 알아드립시다. 그리고 함께 웁시다. 그리고 감사합시다. 그리고 나는 그런 자가 되지 않겠다고 결심합시다.

44

요한복음 13:31-38

34 새 계명을 너희에게 주노니 서로 사랑하라 내가 너희를 사랑한 것같이 너
희도 서로 사랑하라
35 너희가 서로 사랑하면 이로써 모든 사람이 너희가 내 제자인 줄 알리라

서로 사랑하라

가룟 유다가 예수님을 배신하기 위해 떠나가자(30절) 예수님께서는 "지금 인자가 영광을 받았고 하나님도 인자로 말미암아 영광을 받으셨도다"(31절)라고 말씀하십니다. 요한복음에서 '영광'이라는 단어는 종종 예수님의 십자가와 연관되어 사용됩니다. 예를 들어 "예수께서 아직 영광을 받지 않으셨으므로 성령이 아직 그들에게 계시지 아니하시더라"(요 7:39; cf. 12:16, 23)라는 말씀은 그때가 아직 예수님의 십자가 이전이었다는 뜻입니다. 유다의 배신으로 이제 십자가는 확정적인 사실이 되었습니다. 구원사역의 정점인

십자가를 통해, 예수님도 영원히 영광을 받으실 것이고 아들을 세상에 보내신 성부 하나님께서도 영광을 받으실 것입니다.

예수님께서는 자신이 떠나가실 것을 제자들에게 암시하신 후(33절) 그들에게 새로운 계명을 주십니다. 그것은 서로 사랑하라는 것입니다(34절). 사실 이 계명을 새 계명이라고 부르는 이유는 그것이 인간들에게 처음으로 주어진 것이기 때문은 아닙니다. 구약 율법에도 "네 이웃 사랑하기를 네 자신과 같이 사랑하라"(레 19:18)라는 말씀이 있습니다. 여기서 이 계명을 새 계명이라고 하신 것은 한 가지 이유 때문입니다. 그것은 이 계명 직전에 하신 말씀에 나타납니다: "내가 너희를 사랑한 것같이 너희도 서로 사랑하라"(34절).

십자가 이전에는 우리가 하나님의 사랑을 충분히 알 수 없었습니다. 그러나 이제는 하나님이 우리를 얼마나 사랑하시는지 알 수 있게 되었습니다. 그렇기 때문에 그 사랑을 체험하고 깨달은 자는 서로를 사랑할 수 있게 되었습니다. 그런 의미에서 이 계명은 새로운 계명입니다. 구약의 계명이 우리가 도달해야 할 이상을 제시한 것이라면, 예수님의 이 계명은 실제로 그 계명을 지킬 수 있는 근거를 함께 제시해 준 것입니다.

우리가 서로를 하나님이 원하시는 만큼 사랑한다는 것은 예수님의 사랑을 알기 전에는 불가능한 일입니다. 그렇기 때문에 예수님께서는 서로를 사랑하는 것이야말로 우리가 예수님의 제자라는 증거라고 말씀하십니다(35절). 서로 남남인 사람들이 교회에 모여 서로 사랑을 나눈다는 것은 기적입니다. 세상 어디에 가도 차별이 있고 갈등이 있습니다. 그것이 당연한 모습입니다. 하지만 예수님의 사랑을 아는 사람들은 서로를 사랑할 수 있습니다. 모든 차별을 뛰어넘을 수 있습니다. 세상이 우리를 예수님의 제자로 인정하는 것은 우리가 기적을 행하거나 큰 축복을 받을 때가 아니라 서로를 사랑할 때입니다(35절). 우리에게 그런 사랑이 있습니까? 예수님의 마지막 명령을 우리는 심각하게 받아들이고 있습니까?

45

요한복음 14:1-7

5 도마가 이르되 주여 어디로 가시는지 우리가 알지 못하거늘 그 길을 어찌
알겠사옵나이까
6 예수께서 이르시되 내가 곧 길이요 진리요 생명이니 나로 말미암지 않고는
아버지께로 올 자가 없느니라

길이요 진리요 생명이신 예수님

예수님께서는 자신이 이제 떠나갈 것을 암시하셨고(33, 36절), 어디를 가시든지 그 뒤를 따르겠다고 하는 베드로에게는 "닭 울기 전에 네가 세 번 나를 부인하리라"(38절)라고 말씀하셨습니다. 이런 말씀을 들은 제자들은 분위기가 우울해질 수밖에 없었습니다. 그래서 예수님께서는 그들에게 "너희는 마음에 근심하지 말라"(1절)라는 위로의 말씀을 주십니다. 그들이 근심하지 말아야 하는 이유는 예수님께서 그들을 위해 거처를 예비하러 가시기 때문입니다(2절). 이제 거처를 예비하면 제자들은 그곳에서 예수님과 함께 살

게 될 것입니다(3절).

그런데 어떻게 해야 예수님이 계신 그곳으로 갈 수 있을까요? 도마가 바로 그 길에 대해서 묻습니다(5절). 그러자 예수님께서는 "내가 곧 길이요 진리요 생명이니 나로 말미암지 않고는 아버지께로 올 자가 없느니라"(6절)라고 말씀하십니다. 우리는 여기서 길과 더불어 진리와 생명이 함께 언급되고 있다는 점에 주목해야 합니다. 이 말씀은 5절에서 도마가 한 질문인 "주여 어디로 가시는지 우리가 알지 못하거늘 그 길을 어찌 알겠사옵나이까"에 대한 대답으로 주어진 것입니다. 그러므로 이 구절에서 진리와 생명에 대한 언급은 모두 빼고, "내가 곧 길이니 나로 말미암지 않고는 아버지께로 올 자가 없느니라"라고만 하셨어도 충분했을 것으로 보입니다.

하지만 예수님께서는 진리와 생명을 함께 언급하십니다. 왜 그러셨을까요? 왜냐하면 그것들이 예수님이 말씀하시는 길의 성격을 잘 설명해 주고 있기 때문입니다. 예수님은 단지 우리가 그분이 길이신 것을 믿기만 하면 되는 그런 길이 아니십니다. 예수님은 우리가 그분과 함께 그 길을 걸어야 하는 그런 길이십니다. 그분은 단지 내가 그분이 진리라는 것을 믿기만 하면 되는 그런 진리가 아니라 나의 모든 삶을 전적으로 맡길 수 있는 그런 진리이십니다. 그분은 단지 내가 그분이 생명이라는 것을 믿기만 하면 되는 그런 생명이 아니라 그분을 생명으로 하여 나의 삶을 살아가야 하는 그런 생명이십니다. 우리는 예수님의 생명으로 거듭나서, 그분이 전해 주신 진리에 온 삶을 맡기고, 그분이 가셨던 그 길을 따라서 걸어가야 합니다. 그렇기 때문에 길과 진리와 생명을 함께 언급하신 것입니다.

그저 머릿속으로 믿는 것으로는 충분하지 않습니다. 예수님의 길을 걷는다는 것은 생명을 걸고 평생을 싸워나가야 하는 심각한 과업입니다. 나는 그 길을 가고 있습니까? 나는 그 진리에 온 삶을 걸고 있습니다. 나는 예수님의 생명으로 매일을 살고 있습니까?

46

요한복음 14:8-17

12 내가 진실로 진실로 너희에게 이르노니 나를 믿는 자는 내가 하는 일을 그
도 할 것이요 또한 그보다 큰 일도 하리니 이는 내가 아버지께로 감이라
13 너희가 내 이름으로 무엇을 구하든지 내가 행하리니 이는 아버지로 하여
금 아들로 말미암아 영광을 받으시게 하려 함이라
14 내 이름으로 무엇이든지 내게 구하면 내가 행하리라

예수님의 이름의 권세

빌립이 예수님께 아버지를 보여 달라고 청하자(8절) 예수님께서는 아버지와 자신의 밀접한 관계를 강조하십니다(9-11절). 예수님을 본 자는 이미 아버지를 본 것입니다. 그리고 예수님은 자신이 이제 아버지께로 가기 때문에 예수님을 믿는 자는 예수님이 세상에서 하셨던 일보다 더 큰 일을 하게 될 것이라고 말씀하십니다(12절). 하지만 조건이 있습니다. 그것을 '예수님의 이름으로' 구하여야 합니다. "너희가 내 이름으로 무엇을 구하든지 내가 행하리니"(13

절). “내 이름으로 무엇이든지 내게 구하면 내가 행하리라”(14절).

예수님의 이름이라는 그 문자 자체에 마술적인 힘이 있는 것은 아닙니다. 예수님의 이름이 귀한 이유는 그것이 예수님의 인격을 대표하는 것이기 때문입니다. 사도들은 예수님의 이름으로 큰 권능을 행하며 복음을 전파했습니다. 실제로 사도행전에는 예수님과 관련하여 ‘이름’이라는 단어가 33차례나 등장합니다. 사도행전이 27장까지 있으니까 33번이라면 사도행전의 거의 모든 기적들에서 예수님의 이름이 사용되었다는 뜻입니다.

예수님의 이름이 얼마나 권세가 있는지에 대해 성경에는 심지어 이런 이야기도 등장합니다. “요한이 예수께 여짜오되 선생님 우리를 따르지 않는 어떤 자가 주의 이름으로 귀신을 내쫓는 것을 우리가 보고 우리를 따르지 아니하므로 금하였나이다”(막 9:38). 예수님이 귀신을 쫓아내는 것을 보고 예수님을 따르지도 않는 어떤 사람이 예수님의 이름을 빙자하여 귀신에게 명령을 했는데 실제로 귀신이 나갔다는 것입니다.

그런데 예수님을 주님으로 믿는 우리가 그 이름을 사용하지 않는다면 귀한 선물을 우리에게 주신 주님께 대한 모욕이 될 것입니다. 우리는 그 이름을 통해 예수님이 하셨던 것보다 더 큰 일들도 할 수 있습니다. 그것이 오늘 본문이 우리에게 가르치고 있는 내용입니다. 우리에게 최신형 탱크가 주어졌는데 기껏 맨주먹이나 돌도끼로 적과 싸우려 한다면 한심한 일입니다.

예수님께서는 자신의 이름의 권능을 약속하실 뿐만 아니라 성령님의 함께 계심도 약속하십니다(16절). 그런데 성령님이 우리와 함께 하시는 모습이 아버지가 예수님과 함께 하셨던 모습과 비슷합니다. "아버지께서 내 안에 계셔서 그의 일을 하시는 것이라"(10절). "그[성령님]는 너희와 함께 거하심이요 또 너희 속에 계시겠음이라"(17절). 아버지께서 예수님과 늘 함께 하셨듯이 이제는 성령님께서 늘 우리와 함께 하십니다. 우리는 혼자가 아닙니다. 성령님께서 늘 함께 하심을 믿고 예수님의 이름의 권능으로 주의 뜻을 행하는 우리가 됩시다.

47

요한복음 14:18-31

27 평안을 너희에게 끼치노니 곧 나의 평안을 너희에게 주노라 내가 너희에
게 주는 것은 세상이 주는 것 같지 아니하니라 너희는 마음에 근심하지도 말
고 두려워하지도 말라

계명을 지키는 자

아버지와 예수님이 서로 함께 계셨던 것처럼 이제는 예수님과 제자들이 함께 있게 될 것입니다. "그 날에는 내가 아버지 안에, 너희가 내 안에, 내가 너희 안에 있는 것을 너희가 알리라"(20절). 그리고 성령님이 제자들과 함께 계셔서 그들에게 평안을 주실 것입니다(26, 27절). 그런데 약속들 중간에 내 계명을 지키라는(21절) 명령이 등장합니다. 이것은 명령이기도 하고 예수님의 약속을 받는 전제조건이기도 합니다.

예수님의 말씀을 지키는 않는 자는 예수님을 사랑하는 자가 아

닙니다(24절). 그런 자는 예수님의 약속들과 아무 상관이 없습니다. 그런데 이런 교훈은 앞에서도 나타났었습니다. 내 이름으로 무엇이든 구하면 내가 행하리라는 약속과 성령님에 대한 약속 사이에 "너희가 나를 사랑하면 나의 계명을 지키리라"(15절)라는 계명이 불쑥 들어와 있는 것을 봅니다. 이것은 예수님의 이 모든 약속들이 예수님을 사랑하는 자, 즉 예수님의 계명을 지키는 자들을 전제로 하고 있다는 것을 보여줍니다.

평안을 주시는 방식

그런데 예수님께서는 성령님에 대해 교훈하실 때 "내가 너희에게 주는 것은 세상이 주는 것 같지 아니하니라"(27절)라고 하십니다. 이 부분은 설명이 필요합니다. 본문을 헬라어 원문에 따라 직역하면 "나는 세상이 주는 것처럼 '그렇게' 너희에게 주지 않는다"입니다. 여기서 비교의 대상은 '주는 것', 즉 '목적물'이 아니라 '주는 방식'입니다. 하나님이 우리에게 평안을 주실 때는 세상이 주는 것과는 그 '방식'이 다르다는 것입니다.

그렇다면 예수님이 우리에게 평안을 주시는 방식은 무엇입니까? 그것은 보혜사 성령님을 우리에게 보내심을 통해서입니다(26절). 예수님은 단지 평안이라는 객체를 우리 속에 주입시키심을 통해서가 아니라 보혜사라는 인격체를 우리 속에 두심을 통해 평안을 주십니다. 즉 우리의 평안의 근거는 성령님이라는 인격체에 있는 것입니다.

우리에게 주시는 것이 단지 평안이라는 객체에 불과하다면 그것을 받은 후의 모든 결과는 우리의 책임입니다. 그 평안을 잘 지키고 간수하지 못하면, 그 평안은 감소하다가 소멸되어 버리고 맙니다. 그러나 인격체이신 성령님께서 우리 속에 들어와 계시면, 우리의 평안은 계속 보장됩니다. 우리가 불안할 때면 우리를 위로해 주시고, 우리가 갈 길을 모를 때는 바른 길로 인도해 주십니다. 물론 우리가 잘못했을 때는 준엄하게 꾸짖으시지만 결코 우리를 버리지는 않으십니다. 이런 분이 평생 우리와 함께 하십니다. 그러므로 우리는 참으로 평안할 수 있습니다. 우리 안에 계신 성령님을 인하여 주님을 찬양합시다.

48

요한복음 15:1-8

1 나는 참포도나무요 내 아버지는 농부라
2 무릇 내게 붙어 있어 열매를 맺지 아니하는 가지는 아버지께서 그것을 제
거해 버리시고 무릇 열매를 맺는 가지는 더 열매를 맺게 하려 하여 그것을
깨끗하게 하시느니라

참포도나무이신 예수님

예수님께서는 자신을 참포도나무라고 소개하십니다. 그 포도원의 농부는 아버지 하나님이시고 우리는 예수님이라는 포도나무에 달린 가지들입니다. 예수님께서는 "무릇 열매를 맺는 가지는 더 열매를 맺게 하려 하여 그것을 깨끗하게 하시느니라"(2절)라고 말씀하십니다. 요한복음에서는 일부러 두 가지 의미를 지닌 단어를 사용하는 경우가 있습니다. 이를테면 1:5의 "어둠이 '깨닫지' 못하더라"는 "어둠이 '이기지' 못하더라"라고도 번역할 수 있습니다.

하지만 헬라어 이외의 언어로 번역할 때는 어떤 하나의 의미만 선

택해야 하기 때문에 나머지 의미는 묻혀버리고 맙니다. 그래서 한글 성경에서는 "어둠이 이기지 못하더라"라는 의미는 찾아볼 수가 없습니다.

오늘 본문의 2절도 그런 경우입니다. "깨끗하게 하시느니라"에 해당하는 헬라어 단어는 '깨끗하게 하다'라는 뜻 외에 '전정하다'(prune, 나무의 가지를 치다)라는 뜻도 가지고 있습니다. 외국 성경들의 상당수는 '전정하다'의 뜻으로 번역하고 있습니다. 예를 들면 NIV가 그렇게 번역을 했습니다.

'전정하다'라는 뜻을 취할 경우에는 그 해석이 다음과 같이 됩니다. 첫째, 하나님께서는 우리가 좋은 열매를 맺도록 하기 위해 나쁜 가지들을 잘라 버리신다는 것입니다. 때로는 그것이 우리에게 고통일 수 있지만 좋은 열매를 맺도록 하기 위해 다른 가치 없는 것들은 우리 인생에서 쳐내십니다. 둘째, 혹은 나름대로 좋은 가지라 해도 더 나은 열매에 영양분이 집중되도록 하기 위해 하나의 최고의 것을 제외한 나머지 가지들은 쳐내신다는 것입니다.

배나무를 키우는 사람들은 가지에 작은 배들이 올망졸망 열렸을 때 그것을 그대로 놔두지 않습니다. 왜냐하면 그대로 놔둘 경우 추수기에 상품가치가 없는 작은 열매들만 얻게 되기 때문입니다. 그렇기 때문에 가장 튼실한 한 개의 배만 남기고 나머지는 모두 쳐내 버립니다. 가지를 통해 올라오는 영양분을 한 개의 배에 집중시키기 위해서입니다.

하나님께서 우리의 인생을 다루시는 방법도 이와 같다는 것입니다. 어떤 사람이 여러 가지 재능을 가지고 있을 수 있습니다. 하지만 하나님이 원하시는 인생의 길은 하나뿐입니다. 그럴 경우 하나님이 원하시는 그 길을 제외한 나머지 길들은 인생에서 쳐내십니다. 이것을 가지를 치는 것으로 표현할 수 있습니다.

우리는 내 인생이 깨졌다고 낙심하지만 하나님이 원하시는 한 개의 가능성, 내 인생에서 가장 크고 멋진 열매를 맺을 수 있는 그 한 개의 가지는 분명히 남아 있습니다. 그것이 무엇인지 깨닫게 해 달라고 기도드립시다. 남아 있는 가지, 그것이 바로 우리 인생의 사명일 것입니다.

49

요한복음 15:9-17

12 내 계명은 곧 내가 너희를 사랑한 것같이 너희도 서로 사랑하라 하는 이것
이니라
13 사람이 친구를 위하여 자기 목숨을 버리면 이보다 더 큰 사랑이 없나니
14 너희는 내가 명하는 대로 행하면 곧 나의 친구라

서로 사랑하라

본문에서 예수님께서 결국 하시고자 하시는 말씀은 서로 사랑하라는 것입니다(12, 17절). 그러나 무조건 명령만 하시는 것은 아닙니다. 우선 사랑의 관계 속으로 우리를 초대하십니다. 예수님에 대한 아버지의 사랑은 무한하고 완전한 것입니다. 그런데 예수님께서는 자신이 아버지에게 사랑을 받으신 대로 똑같이 우리를 사랑하신다고 말씀하십니다(9절). 성부 하나님과 성자 예수님 사이의 사랑을 우리가 경험할 수 있다는 것입니다. 그런데 한 가지 조건을 제시하십니다. 예수님께서 아버지의 사랑을 받으시는 이유는 아

버지의 계명을 지키시기 때문입니다. 마찬가지로 우리도 예수님의 계명을 지켜야 그분의 사랑 안에 거할 수 있다는 것입니다(10절).

그러면 예수님의 계명이 무엇입니까? 우리가 서로 사랑하는 것입니다(12절). 그런데 우리가 어떻게 서로를 사랑할 수 있게 됩니까? 받게 되는 상급은 엄청나지만 그 상급을 얻기 위해 우리가 도저히 할 수 없는 일을 요구하고 계신 것은 아닙니까? 그렇지 않습니다. 예수님께서는 우리가 서로를 사랑할 수 있게 되는 방법을 그 다음에 자세히 설명하십니다(13-16절). 그것은 한 마디로 예수님의 사랑과 은혜를 깨닫는 것입니다.

예수님께서 우리를 택하셨고, 우리를 친구로 삼아 주셨습니다. 그리고 친구인 우리를 위해 목숨을 바쳐 주셨습니다. 이것을 깨닫는다면 서로를 사랑하지 못할 이유가 없습니다. 그래서 이것들을 설명하신 후 마무리로 "내가 이것을 너희에게 명함은 너희로 서로 사랑하게 하려 함이라"(요 15:17)라고 말씀하십니다. 주님이 나를 위해 하신 일들을 바로 깨달으면 서로를 사랑할 수 있다는 것입니다.

그런데 우리는 때로는 마음에 사랑이 있으면서도 그것을 제대로 표현하지 못하는 경우가 있습니다. 많은 경우에 그 이유는 거절당함을 두려워하기 때문입니다. 우리는 다른 이들에게 사랑을 표현해도 그들이 나를 거절할 것이라고 생각합니다. "당신 같은 사람의 사랑은 내게 필요 없소"라는 말을 들을 것이라고 상상합니다. 거절당함은 매우 큰 상처입니다. 그래서 사랑을 표현하기를 주저합니다. 사랑의 표현은 잘난 사람들의 몫이라고 생각합니다.

하지만 예수님도 사랑을 거절당하셨습니다. 자신의 모든 것을 주시기 위해 자기 땅에 오셨지만 자기 백성이 그분을 거절했습니다(요 1:11). 예수님의 계명에 순종하기 위해서는 희생이 필요합니다. 사랑을 표현하면서 당하게 될 아픔을 두려워하지 맙시다. 오늘 나의 사랑을 필요로 하는 사람이 누구입니까? 그에게 사랑을 표현하기 위해 용기 있게 다가갑시다.

50

요한복음 15:18-27

18 세상이 너희를 미워하면 너희보다 먼저 나를 미워한 줄을 알라
19 너희가 세상에 속하였으면 세상이 자기의 것을 사랑할 것이나 너희는 세
상에 속한 자가 아니요 도리어 내가 너희를 세상에서 택하였기 때문에 세상
이 너희를 미워하느니라
20 내가 너희에게 종이 주인보다 더 크지 못하다 한 말을 기억하라 사람들이
나를 박해하였은즉 너희도 박해할 것이요 내 말을 지켰은즉 너희 말도 지킬
것이라

제자들이 세상에서 당할 일들

본문에서 예수님께서는 세상이 제자들을 미워할 것을 말씀하십니다. 그들이 미움을 받는 이유는 그들이 세상에 속한 것이 아니라 예수님께 속했기 때문입니다(19절). 세상은 예수님을 핍박했습니다. 그렇기 때문에 예수님께 속한 자들도 세상에서 핍박을 당할 것입니다. 예수님과 그의 제자들을 핍박하는 자들은 나중에 핑계를 대지 못할 것입니다. 왜냐하면 예수님께서는 여러 기적들을 통해

자신이 메시야라는 증거를 충분히 제시하셨기 때문입니다. 그러나 그럼에도 불구하고 그들은 이유 없이 무조건 예수님을 미워했습니다(25절). 그러나 그 모든 것은 이미 구약성경에서 예언된 일입니다(시 35:19). 그러므로 세상이 듣건 듣지 않건 성령께서는 제자들을 통해 계속해서 예수님을 증거하실 것입니다(26절).

그런데 20절에 "사람들이 나를 박해하였은즉 너희도 박해할 것이요 내 말을 지켰은즉 너희 말도 지킬 것이라"라는 말씀이 있습니다. 얼핏 보면 어떤 사람들이 그들을 핍박하면서 또한 동시에 그들의 말을 지킬 것이라는 말씀처럼 들립니다. 그러나 헬라어 원문은 두 개의 절이 각각 따로 '만약… 하였다면'으로 시작됩니다. 즉 핍박과 순종이 같은 사람의 행동은 아니라는 것입니다. "나를 핍박하는 자들이 있었다면 너희를 핍박하는 자들도 있을 것이다. 내 말에 순종하는 자들이 있었다면 너희 말에 순종하는 자들도 있을 것이다"라는 말씀입니다.

간단한 말씀 같지만 우리는 이 말씀을 삶에 잘 적용해야 합니다. 예수님의 제자로서 살아갈 때 균형을 잡아야 한다는 것입니다. 어떤 이들은 너무 핍박에만 익숙해져 있습니다. 그래서 그들은 사람들이 호의를 베풀면 그것을 어떻게 받아들여야 할지 몰라 당황해 합니다. 그래서 그 호의를 거절하고 외로운 자리, 핍박의 자리로 얼른 몸을 피합니다. 예수님의 말씀을 반쪽만 아는 것입니다.

반면 어떤 사람들은 너무 하나님의 축복을 누리는 것, 대접을 받는 것에만 익숙해져 있습니다. 예수님이 모든 저주에서 우리를 해방하셨으므로 우리는 지금 갖가지 것들을 누리며 살아야 한다는 것입니다. 그들은 복음과 함께 고난을 받아야 한다는 말씀을 이해하지 못합니다(딤후 1:8). 그래서 핍박과 고난은 피하려고만 합니다.

두 가지 모두 건강한 신앙이 아닙니다. 우리는 핍박과 호의 모두에 대해 열린 자세를 가지고 있어야 합니다. 핍박을 이상하게 생각해서도 안 되고, 그렇다고 해서 하나님의 축복과 사람들의 호의에 대해 마음을 닫아서도 안 됩니다. 만일 둘 중 하나에 대해 마음을 닫는다면 우리는 균형 잡힌 주의 일꾼이 될 수 없습니다. 우리는 균형을 잘 잡고 있습니까?

51

요한복음 16:1-15

8 그가 와서 죄에 대하여, 의에 대하여, 심판에 대하여 세상을 책망하시리라
9 죄에 대하여라 함은 그들이 나를 믿지 아니함이요
10 의에 대하여라 함은 내가 아버지께로 가니 너희가 다시 나를 보지 못함이
요
11 심판에 대하여라 함은 이 세상 임금이 심판을 받았음이라

성령님의 도우심

예수님께서는 제자들에게 앞으로 닥칠 핍박을 예고하십니다. 심지어 죽임을 당하기도 할 것입니다(2절). 그러나 위로의 말씀도 잊지 않으십니다. 즉 예수님이 떠나시면 보혜사 성령을 보내주겠다고 하십니다(7절). 성령님을 '보혜사'라고 표현한 것은 복음서 중에서는 요한복음이 유일합니다. 보혜사는 헬라어 '파라클래토스'를 번역한 것인데 고전 헬라어에서의 원래의 의미는 '변호사'입니다. 법을 잘 모르는 사람이 소송에 휘말렸을 때, 자기 대신 법정에서 변

론을 하도록 '자기 옆에(파라) 불러놓은(클래토스) 사람'이라는 뜻입니다. 요한복음이 기록될 당시 교회는 유대인들과 논쟁이 치열했습니다. 그렇기 때문에 성령님을 이 용어로 불렀을 것입니다.

성령께서 오시면 죄, 의, 그리고 심판과 관련하여 세상을 책망하실 것입니다(8절). 죄와 관련하여 책망하시는 것은 세상이 예수님을 믿지 않았기 때문입니다(9절). 예수님을 믿지 않는 죄가 가장 큰 죄입니다. 왜냐하면 창조주 하나님의 최고의 호의를 거절한 것이기 때문입니다. 더구나 당시의 유대인들은 예수님께서 기적들을 통하여 자신을 충분히 증거하셨음에도 불구하고 고의로 그분을 받아들이지 않았기 때문에 핑계거리가 없습니다(요 15:24).

의와 관련해 세상을 책망하시는 것은 예수님께서 부활 승천하실 것이기 때문입니다(10절). 예수님께서는 우리의 죄 때문에 죽으셨습니다. 그리고 예수님의 죽음이 우리를 의롭다 하시기에 충분했다는 것을 증거하시기 위해 아버지께서 그를 부활시키셨습니다(롬 4:25). 그러므로 승천은 우리를 의롭게 하시기 위해 예수님께서 하신 모든 사역들의 정점에 있습니다. 우리가 의롭게 될 수 있는 길을 하나님께서 완성시켜서 제시해 주셨는데 사람들이 그것을 거부한다면 그것은 책망을 받아 마땅한 일입니다.

심판과 관련하여 세상을 책망하시는 것은 이 세상 임금이 심판을 받았기 때문입니다(11절). 이 세상 임금은 마귀를 뜻합니다. 그는 예수님의 십자가 때문에 쫓겨났습니다: "이제 이 세상에 대한 심판이 이르렀으니 이 세상의 임금이 쫓겨나리라"(요 12:31). 만약 우두머리가 온전하다면 그 부하들을 심판할 수 없을 것입니다. 그러나 이제 그 우두머리가 쫓겨났기 때문에 악한 세상은 예수님의 심판을 받게 됩니다.

신실하게 하나님을 믿는 자들에게는 언제나 어려움이 있습니다: "무릇 그리스도 예수 안에서 경건하게 살고자 하는 자는 박해를 받으리라"(딤후 3:12). 그러나 우리에게는 성령님이 함께 하십니다. 그분은 죄, 의, 심판과 관련하여 세상을 심판하실 권능을 가지신 분이십니다. 지금은 고난을 당하지만 결국 진리가 승리할 것입니다. 그분을 의지하며 하나님의 자녀답게 살아갑시다.

52

요한복음 16:16-24

23 그 날에는 너희가 아무 것도 내게 묻지 아니하리라 내가 진실로 진실로 너
희에게 이르노니 너희가 무엇이든지 아버지께 구하는 것을 내 이름으로 주시
리라
24 지금까지는 너희가 내 이름으로 아무 것도 구하지 아니하였으나 구하라
그리하면 받으리니 너희 기쁨이 충만하리라

기도의 특권

예수님께서는 잠시 후 제자들을 떠나갈 것임을 다시 한 번 말씀하십니다(16절). 제자들은 그 말씀을 듣고 당황스러워 합니다(17, 18절). 그러자 예수께서는 또 그들을 위로하십니다. 지금 제자들이 당하는 고통이 해산을 앞둔 여인의 고통과 같은 것이라면, 앞으로 그들이 누리게 될 기쁨은 아이가 태어났을 때 어머니가 느끼는 기쁨과 같은 것이 될 것입니다(21절). 그 기쁨은 예수님의 부활로 인한 것입니다. 예수님이 다시 그들을 보게 되실 것이고, 그들은 크

게 기뻐하게 될 것입니다(22절).

그런데 예수님께서는 이 기쁨과 관련하여 한 가지 말씀을 덧붙이십니다. 그것은 기도 응답의 기쁨입니다(23, 24절). 즉 부활의 기쁨의 구체적인 내용 중 하나가 기도응답의 기쁨이라는 것입니다. 물론 예수님의 부활 이전에도 성도들의 기도는 하나님께서 들어주셨고 응답을 받았습니다. 그러나 "지금까지는 너희가 내 이름으로 아무 것도 구하지 아니하였으나"(24절)라는 말씀은 예수님의 부활 이전과 이후의 기도응답의 수준이 확연히 다를 것임을 보여줍니다.

부활과 기도의 응답을 연관시키신 예수님의 말씀을 통해 우리는 다음의 몇 가지 사실을 깨닫게 됩니다. 첫째, 기도 응답은 원래 대가 없이 이루어지는 것이 아니라는 것입니다. 응답에는 대가가 필요합니다. 그런데 예수님께서 그 모든 대가를 십자가를 통해 치르셨습니다.

둘째, 기도를 소중히 여겨야 한다는 것입니다. 아무리 귀한 물건이라고 해도 그것을 쉽게 공짜로 얻으면 귀한 줄을 모르게 됩니다. 우리의 기도가 그렇습니다. 우리가 천지를 창조하신 하나님께 드리는 기도는 십자가라는 귀한 값을 치르고 얻게 된 특권입니다. 그러나 우리가 그 값을 치른 것이 아니라 예수님이 치르신 것이기 때문에 우리는 자주 그 소중함을 망각합니다. 우리는 하나님께 기도를 드릴 때마다 십자가를 통해 그것이 가능하게 되었음을 기억하고 감사하는 마음을 가져야 합니다.

셋째, 기도는 반드시 응답된다는 것을 믿어야 합니다. 기도라는 것이 자신의 아들을 세상에 보내어 죽게 하심으로 우리에게 부여하신 특권이기 때문에 하나님께서는 예수님의 이름으로 드리는 우리의 기도를 소중히 여기십니다. 우리가 십자가의 공로를 생각하며 두려운 마음으로 드리는 기도에 대해서는 하나님께서 반드시 응답하십니다. 우리도 기도를 소중하게 여겨야 합니다. 그리고 기도를 가능하게 해 주신 주님께 늘 감사를 드립시다.

53

요한복음 16:25-33

32 보라 너희가 다 각각 제 곳으로 흩어지고 나를 혼자 둘 때가 오나니 벌써
왔도다 그러나 내가 혼자 있는 것이 아니라 아버지께서 나와 함께 계시느니
라
33 이것을 너희에게 이르는 것은 너희로 내 안에서 평안을 누리게 하려 함이
라 세상에서는 너희가 환난을 당하나 담대하라 내가 세상을 이기었노라

예수님의 자상하심

예수님께서는 아버지께서 제자들을 사랑하시기 때문에 그들의 기도에 응답해 주실 것을 설명해 주십니다(26, 27절). 그리고 자신이 이제 아버지께로 돌아가실 것임을 말씀하십니다. 그러자 제자들은 예수님이 하나님께로부터 오셨고 다시 아버지께로 돌아가심을 분명히 믿고 고백합니다(30절). 그런데 그 다음에 예수님께서 뜻밖의 말씀을 하십니다. 제자들이 예수님을 버리고 떠나서 예수님을 혼자 둘 때가 왔다는 말씀입니다(32절).

그런데 그 다음 33절의 "이것을 너희에게 이름은 너희로 내 안에서 평안을 누리게 하려 함이라"라는 말씀이 매우 의미심장합니다. 제자들이 평안을 누리게 하기 위해 말씀하셨다는 '이것'은 도대체 무엇일까요? 그 전에 말씀하신 내용 중에서 가장 가까운 것은 32절에 있는 "보라 너희가 다 각각 제 곳으로 흩어지고 나를 혼자 둘 때가 오나니"라는 말씀입니다. 이렇게 해석을 할 경우 우리는 놀라운 사실을 깨닫게 됩니다.

예수님은 제자들이 잠시 후 자신을 버리게 될 것을 아셨습니다. 제자들은 나중에 자신들이 예수님을 버렸다는 사실을 깨달았을 때, 엄청난 죄책감과 자괴감에 시달리게 될 것입니다. 그래서 예수님께서는 지금 미리 제자들에게 그 일에 대한 용서를 선포하고 계신 것입니다. "너희가 나를 버릴 것이다. 그러나 안심해라. 나는 이미 그 일을 용서했다. 이것에 대해 너희에게 미리 말을 해 두는 것은 너희가 그런 실수를 한 후에도 계속 평안을 누리도록 하기 위해서이다." 제자들에 대한 예수님의 배려는 놀랍습니다.

그런데 32절의 내용을 자세히 보면 거기에도 제자들의 마음을 위로하기 위한 말씀이 포함되어 있습니다: "그러나 내가 혼자 있는 것이 아니라 아버지께서 나와 함께 계시느니라." 예수님의 이 말씀을 풀어 설명하면 "너희들이 나를 혼자 두고 떠났다고 너무 상심하지 말아라. 사실은 나는 혼자 있는 것이 아니라 아버지와 함께 있는 것이다. 그러니 너무 걱정하지 말아라"라는 것입니다. 정말 놀랍지 않습니까?

이렇게 미리 용서를 선포하신 후에 주님께서는 "세상에서는 너희가 환난을 당하나 담대하라 내가 세상을 이기었노라"라는 말씀을 주십니다. 제자들은 자신들이 용서 받고 하나님께 받아들여졌다는 것을 압니다. 그러므로 이제 그들은 환난을 견딜 수 있습니다. 제자들이 마음의 상처를 당할까 봐 그들이 미래에 범할 죄악까지도 미리 용서하시고 그것을 선포해 주신 우리 주님, 정말 멋진 분이지 않습니까?

54

요한복음 17:1-12

11 나는 세상에 더 있지 아니하오나 그들은 세상에 있사옵고 나는 아버지께
로 가옵나니 거룩하신 아버지여 내게 주신 아버지의 이름으로 그들을 보전하
사 우리와 같이 그들도 하나가 되게 하옵소서
12 내가 그들과 함께 있을 때에 내게 주신 아버지의 이름으로 그들을 보전하
고 지키었나이다 그 중의 하나도 멸망하지 않고 다만 멸망의 자식뿐이오니
이는 성경을 응하게 함이니이다

믿음 안에서 하나가 되자

17장은 예수님이 십자가에 못 박히시기 전날 밤, 성만찬을 마치신 후 드리신 기도입니다. 그 내용 때문에 이 장에는 '대제사장의 기도'라는 별명이 붙었습니다. 대제사장이 속죄 제사를 드리기 전에 백성들을 위해 기도를 드리듯이 예수님께서 다음 날 자기 자신을 속죄 제물로 드리기에 앞서 하나님께 기도를 드리고 있습니다.

예수님께서는 먼저 내일 십자가를 능히 견디게 해 달라고 기도하

십니다. 1절과 5절에서 반복되고 있는 나를 "영화롭게" 해 달라는 간구는 십자가와 연관된 것입니다. 요한복음에서 십자가는 종종 '영광'으로 묘사됩니다(요 2:4; 7:6,8,30; 8:20; 12:23). 하나님께서는 십자가를 통해 죄인들을 구원하시고 그것을 통해 영광을 받으시기로 작정하셨습니다. 그러므로 아들을 영화롭게 해 달라는 기도는 십자가를 능히 견디게 해 달라는 간구입니다.

그리고 주를 믿는 자들을 위해 기도하십니다. 그런데 그들을 위해 간구하시는 내용이 무엇입니까? "저희를 보전하사… 저희도 하나가 되게 하옵소서" 즉 신자들의 하나 됨입니다. 그렇다면 예수님이 원하셨던 하나 됨의 의미가 무엇입니까? 얼핏 보면 교회의 분열을 우려하는 말씀처럼 보입니다. 믿는 자의 공동체가 여러 개의 분파로 나뉘어서는 안 된다는 것입니다.

물론 교회가 여러 분파들로 나누이는 것은 심히 유감스럽고 부끄러운 일입니다. 그러나 본문에서의 일차적 의미는 그것에 대한 경고는 아닙니다. 왜냐하면 12절에서 '보전하다'의 구체적 의미가 밝혀지고 있기 때문입니다. "아버지의 이름으로 그들을 보전하고 지키었나이다 그 중의 하나도 멸망하지 않고 다만 멸망의 자식뿐이오니." 여기서 예수님께서는 '보전되지 못한' 자의 예를 제시하시고 있습니다. 그것은 멸망의 자식 즉 가룟 유다입니다. 가룟 유다는 예수님을 믿는 자들 중의 한 분파라고 볼 수 없는 사람입니다. 그는 믿음에서 떠나가 버린 외부인입니다.

따라서 예수님이 말씀하신 하나 됨은 본질적으로 '그리스도를 믿음에서 하나 됨'을 뜻합니다. 물론 교파의 대립이 없이 온 세상의 기독교인들이 진리 안에서 온전한 하나 됨을 이룰 수 있다면 더욱 좋을 것입니다. 그러나 지금 예수님께서 간절히 기도하시는 것은 우리들 모두가 참된 믿음에서 떠나지 않고 하나님의 자녀로 머물러 있는 것입니다. 우리들 모두가 믿음 안에서 하나가 되는 것, 그것이 예수님이 그토록 원하시던 일입니다.

55

요한복음 17:13-19

16 내가 세상에 속하지 아니함 같이 그들도 세상에 속하지 아니하였사옵나이
다
17 그들을 진리로 거룩하게 하옵소서 아버지의 말씀은 진리니이다
18 아버지께서 나를 세상에 보내신 것같이 나도 그들을 세상에 보내었고

우리는 하늘에 속한 자들이다

예수님께서 세상에 남아 있을 제자들을 위해 간절히 기도하십니다. 예수님께서는 그들이 세상에서 악에 빠지지 않고(15절) 하나님의 말씀으로 거룩하게 되기를(17절) 원하십니다. 예수님께서는 그들이 세상에 속하지 않았다고 분명히 말씀하십니다(16절). 그들이 세상에 있는 것은 다만 예수님께서 그들을 세상으로 보내셨기 때문입니다(18절).

이 말씀들은 신자의 인생관이 어떠해야 하는지를 보여 주고 있습니다. 그는 이제 천국의 백성이 되었습니다. 그가 영원히 지내게

될 곳은 천국입니다. 그러나 죽기 전까지는 아직 세상에 있습니다. 그러나 그것은 그가 세상에 속한 자이기 때문이 아니라 예수님께서 그를 세상으로 파송하셨기 때문입니다. 이것이 그가 지금 세상 속에 있는 이유입니다.

그러므로 우리는 세상으로 파송된 자라는 자의식을 가지고 살아야 합니다. 하지만 우리가 이런 자의식을 갖는 것은 쉬운 일이 아닙니다. 왜냐하면 우리가 천국에 갔다가 다시 파송된 경험이 없기 때문입니다. 내가 외국에 나갔다가 그곳 시민권을 얻은 후 그곳에서 이곳으로 파송을 받았다면, 나는 그 나라의 시민권을 가진, 파송된 자라는 느낌을 분명하게 가질 수 있을 것입니다. 그러나 이곳에 그대로 있으면서 모든 일이 이루어졌다면, 우리는 나의 변화된 신분에 대해 잘 실감하지 못할 것입니다. 그러나 우리가 그것을 생생하게 느끼는지 혹은 그렇지 못하는지의 여부가 우리의 신분을 변화시키는 것은 아닙니다. 우리가 천국에 속한 자라는 사실은 우리의 느낌과는 아무 상관없는 '사실'입니다.

내가 파송을 받았다는 사실이 구체적으로 우리의 삶에 어떤 의미를 지니고 있을까요? 첫째, 예수님이 나의 삶에 필요한 모든 것들을 책임지신다는 것을 의미합니다. 대사를 파송하건 선교사를 파송하건 파송하는 자는 파송 받는 자가 임무를 수행하는 데 필요한 일체의 것을 책임집니다. 예수님이 우리를 세상에 파송하셨습니다. 그러므로 우리가 파송된 본연의 임무에 열심을 다하는 한 예수님께서는 우리의 필요들을 모두 책임지십니다.

둘째, 우리는 이 세상의 것들 때문에 불평을 하며 살아서는 안 됩니다. 우리는 이 세상에 속한 자가 아닙니다. 그러므로 이 세상의 가치관으로 자신을 평가해서는 안 됩니다. 오직 하늘에서 중요한 것만이 우리에게 중요한 것이 되어야 합니다. 우리에게는 영원히 돌아갈 곳이 있는데 왜 이 세상의 것들 때문에 아쉬워하면서 시간을 낭비합니까? 세상의 모든 것들을 초연한 눈빛으로 바라보며 당당하게 천국 백성으로 남은 인생을 살아갑시다. 우리의 시민권은 하늘에 있습니다(빌 3:20).

56

요한복음 17:20-26

25 의로우신 아버지여 세상이 아버지를 알지 못하여도 나는 아버지를 알았사
옵고 그들도 아버지께서 나를 보내신 줄 알았사옵나이다
26 내가 아버지의 이름을 그들에게 알게 하였고 또 알게 하리니 이는 나를 사
랑하신 사랑이 그들 안에 있고 나도 그들 안에 있게 하려 함이니이다

앞으로 믿게 될 자들을 위한 기도

예수님은 제자들의 전도를 통해 나중에 주님을 믿게 될 사람들을 위해 기도하십니다. 우선 그들이 다 하나가 되게 해 달라고 기도하십니다(21, 22절). 예수님께서는 그들이 하나가 되는 모습을 좀 더 구체적으로 설명하십니다. 예수님이 그들 속에 계십니다. 그리고 아버지께서 예수님 안에 계십니다. 그렇게 되면 그들이 온전함을 이루게 되고 그래서 하나가 됩니다(23절 상반절). 따라서 여기서 말씀하시는 하나 됨은 그저 인간들끼리의 하나 됨이 아닙니다. 그것은 성부 하나님과 예수님, 그리고 믿는 자들 사이의 긴밀한 하

나 됨입니다. 이것은 영광스럽고도 신비한 어떤 것입니다.

그런데 이 하나 됨은 또 다른 기능을 가지고 있습니다. 예수님께서는 그 하나 됨을 통해 아버지께서 그들을 사랑하신 것을 세상이 알게 될 것이라고 말씀하십니다(23절 하반절). 사랑은 살아 있는 교회의 증표입니다. 믿는 자들이 하나님의 사랑을 드러내며 서로 사랑하는 모습을 보고 세상 사람들은 그곳에 하나님이 계시며 하나님이 그들을 사랑하신다는 것을 알게 될 것입니다.

예수님께서는 우리가 아버지의 이름을 알 때에 하나님의 사랑이 우리 안에 있게 된다고 말씀합니다(26절). 그런데 그 사랑이 어떤 사랑입니까? "나를 사랑하신 사랑"(26절) 즉 예수님에 대한 성부 하나님의 사랑입니다. 이것은 대단히 놀라운 말씀입니다. 우리가 제대로 깨닫기만 한다면 성경 말씀 가운데서 가장 놀랍고 황홀한 말씀이라고 해도 될 것입니다.

우리에 대한 하나님의 사랑은 그냥 불쌍해서 툭 던져 주는 그런 사랑이 아닙니다. 마지못해 그냥 한 번 씩하고 웃어 주는 그런 사랑도 아닙니다. 성부 하나님이 독생자 예수 그리스도를 사랑하셨던 그 사랑, 그 완전하고도 무한한 사랑을 우리에게도, 나에게도 주신다는 것입니다.

우리는 하나님의 구원의 사랑이라는 것을 대개 우리가 지옥에 가게 될 것을 불쌍히 여기셔서 그것을 면할 수 있도록 우리를 구원해 주신 사랑 정도로 생각합니다. 그러나 예수님이 여기서 말씀하시는 사랑은 그런 소극적인 사랑이 아닙니다. 예수님에 대한 아버지의 사랑이 우리 속에 있다는 것입니다. 그것은 정말로 엄청난 사실입니다.

이 진리를 바로 깨닫는다면 우리는 어안이 벙벙해져야 합니다. 하늘의 별과 모든 만물을 창조하신 그 삼위일체 하나님께서 서로 나누시는 그 사랑은 완전한 것입니다. 그런데 하나님께서 바로 그 사랑으로 지금 나를 사랑하고 계시다는 것입니다. 도저히 있을 수 없는 일 같지만, 본문의 뜻은 분명 그것입니다. 하나님의 황송하신 사랑을 인하여 그분을 찬양합시다.

57

요한복음 18:1-3

1 예수께서 이 말씀을 하시고 제자들과 함께 기드론 시내 건너편으로 나가시
니 그 곳에 동산이 있는데 제자들과 함께 들어가시니라
2 그 곳은 가끔 예수께서 제자들과 모이시는 곳이므로 예수를 파는 유다도
그 곳을 알더라
3 유다가 군대와 대제사장들과 바리새인들에게서 얻은 아랫사람들을 데리고
등과 횃불과 무기를 가지고 그리로 오는지라

겟세마네로 가신 예수님

제자들에게 필요한 말씀을 하신 예수님께서는 드디어 겟세마네 동산으로 가셨습니다. '겟세마네'란 문자적으로는 '착유기' 즉 기름을 짜는 기계라는 뜻입니다. 올리브 열매의 기름을 짜는 곳이 그곳에 있었기 때문에 붙여진 이름인데, 우리는 그 이름에서 '기름을 짜듯이 처절하고 간절하게' 기도하셨던 예수님을 연상하게 됩니다.

그런데 그곳으로 가는 발걸음이 차마 떨어지셨을까요? 예수님

은 그곳에서 무슨 일을 당하게 될지 아셨습니다. 그것을 아셨는데 차마 발걸음이 떨어지셨을까요? 본문은 "유다도 그 곳을 알더라"(2절)라고 말합니다. 유다는 지금 예수님과 함께 있지 않습니다. 그러므로 예수님께서는 오늘 하루만 평소에 가셨던 곳이 아닌 다른 곳으로 가서 기도하셨을 수도 있습니다. 그러면 유다는 예수님을 찾기가 쉽지 않았을 것입니다. 그러나 예수님께서는 그냥 그곳으로 가셨습니다. 유다가 사람들을 데리고 올 그곳으로 말입니다. 우리는, 다른 사람들은 몰라도 우리는, 지금의 예수님의 마음을 알아 드리며 감사해야 하지 않겠습니까? 그 무거운 발걸음을 나를 위해 옮기셨던 주님의 마음을 기억하며 눈물을 흘려야 하지 않겠습니까?

그런데 유다의 인도함을 받은 사람들은 "등과 횃불과 무기를 가지고" 그곳으로 왔습니다. 우리가 예수님이라면, 비록 체포는 되더라도 강제로 체포되는 것이 아니라 스스로 잡히는 것이라는 사실만은 사람들에게 알리고 싶었을 것입니다. 그러나 겟세마네의 상황은 그런 자존심마저도 허락지 않았습니다. 예수님의 입장에서는 그곳에서 잡힐 것을 아시고 스스로 그곳까지 가신 것이지만, 사람들 눈에는 멋모르고 그곳에 가셨다가 어이없이 기습을 당하신 것처럼 보였을 것입니다. 주님은 사람들이 보기에 대단히 무력하고 어리석게 보였습니다. 하나님의 뜻을 이루기 위해 사람들에게 그토록 철저히 짓밟히셨습니다.

하나님께서 이런 겸손을 우리에게도 요구하실 때 우리는 그것을 견딜 수 있겠습니까? 때로는 우리도 굴욕을 당해야 할 때가 있습니다. 그럴 때는 그냥 낮아져야 합니다. 그 가운데서 '최소한의' 자존심을 지키려고 하지 맙시다. 내가 약해서 이런 일을 당하는 것이 아니라 하나님께 순종하느라 당하는 것이라는 것을 드러내기 위해 노력하지 맙시다. 하나님이 다 아십니다. 때가 되면 하나님께서 우리의 삶에도 부활의 영광을 허락해 주실 것입니다. 하지만 그 이전에는 기꺼이 낮아져야 합니다. 우리의 소망은 하나님께 있지 않습니까?

58

요한복음 18:4-9

8 예수께서 대답하시되 너희에게 내가 그니라 하였으니 나를 찾거든 이 사람
들이 가는 것은 용납하라 하시니
9 이는 아버지께서 내게 주신 자 중에서 하나도 잃지 아니하였사옵나이다 하
신 말씀을 응하게 하려 함이러라

예수님의 부탁

예수님을 체포하려는 자들이 가까이 오자 주님께서는 "너희가 누구를 찾느냐"(4절)라고 물으십니다. 그들이 나사렛 예수라고 대답을 하자 "내가 그니라"(5절)라고 말씀하십니다. 그러자 그들이 물러가서 땅에 엎드러집니다(6절). 이것은 예수님의 위엄을 보여주는 일화입니다. 예수님은 말씀 한 마디로 사람들을 제압할 수 있는 신적 위엄을 가지신 분이었습니다. 다시 동일한 질문과 대답이 이어진 후(7, 8절) 예수님께서 그들에게 한 가지 부탁을 하십니다. 그것은 "나를 찾거든 이 사람들이 가는 것은 용납하라"(8절)라는 것

이었습니다.

그런데 예수님께서는 그들이 누구를 찾는지 다 아시면서 왜 그것을 물으셨을까요? 아마도 두 가지 이유가 있었을 것입니다. 첫째는 가룟 유다로 하여금 양심의 가책을 느끼도록 만드셔서 마지막으로 회개할 기회를 주신 것일 수 있습니다. "너희가 누구를 찾느냐?"라는 음성을 들었을 때 유다는 "내가 지금 누구를 팔아넘기려 하고 있는가? 나의 스승이 아닌가? 어쩌면 하나님의 아들인 그분이 아닌가?"라고 잠시 반문해 볼 기회를 가졌을 것입니다. 예수님께서는 지금까지 여러 차례 가룟 유다에게 회개할 기회를 주어 오셨습니다(요 6:64; 13:21, 27). 이제 마지막으로 유다의 양심에 호소하고 계신 것입니다.

둘째는 제자들을 보호하시기 위해서였습니다. 어두운 밤에 누가 예수님인지를 식별하지 못한 상태에서 그들이 폭력을 휘두른다면 제자들도 다칠 수 있었습니다. 하지만 지금은 아직 제자들이 고난을 당할 만한 때가 아닙니다. 그들은 아직 오순절 성령의 역사를 경험하지 못했습니다. 그렇기 때문에 고난을 견디지도 못하고 그것의 의미도 알 수 없습니다. 그러므로 예수님께서는 고난을 자신에게만 집중시키십니다. "나를 체포하기 위한다면 나만 체포하고 다른 이들은 건드리지 말라." 이것이 진짜 스승의 모습입니다. 예수께서는 다른 제자들이 해를 입지 않도록 최선을 다하십니다.

하나님께서는 우리에게도 사람들을 맡기셨습니다. 우리가 영적으로 돌봐야 할 자들이 어떤 자들이건 우리는 하나님이 맡겨 주신 사람들을 철저히 보호해야 합니다. 그들이 성장한 다음에는 지금 우리가 하고 있는 일을 그들이 감당할 수 있을 것입니다. 하지만 그들은 아직 연약합니다. 아직은 우리가 그들을 위해 희생하고 그들의 방패막이가 되어 주어야 합니다.

그들을 우리에게 맡기신 분은 하나님이십니다. 유치원에서 선생님이 어린아이들을 다룰 때 얼마나 그 부모들을 의식하겠습니까? 우리도 우리에게 그 자녀를 맡기신 하나님을 늘 의식해야 합니다. 그 일을 잘 감당했을 때 그들의 아버지이신 하나님께서 우리에게 좋은 상을 허락해 주실 것입니다.

59

요한복음 18:10-14

10 이에 시몬 베드로가 칼을 가졌는데 그것을 빼어 대제사장의 종을 쳐서 오
른편 귀를 베어버리니 그 종의 이름은 말고라
11 예수께서 베드로더러 이르시되 칼을 칼집에 꽂으라 아버지께서 주신 잔을
내가 마시지 아니하겠느냐 하시니라

진정한 용기는 하나님께 순종하는 것이다

사람들이 예수님을 체포하려고 하자 베드로는 칼을 빼어 휘두릅니다. 그래서 대제사장의종인 말고라는 사람의 귀를 벱니다. 하지만 예수님께서는 베드로의 행동을 꾸짖으십니다(11절). 사람들은 예수님을 안나스에게 끌고 갔는데, 그는 당시 대제사장이었던 가야바의 장인이었습니다. 가야바에게 끌고 가서 재판을 열어야 했지만 일단 예행연습 차원에서 안나스에게 간 것입니다.

예수님께서는 사람들이 자신을 체포하러 올 것을 알고 계셨습니다. 그런데 그런 일이 생기면 제자들이 무척 당황해 할 것입니다.

그렇기 때문에 주님께서는 그들에게 미리 대비책을 말씀해 두셨습니다. 그것은 "시험에 들지 않게 깨어 기도하라"(마 26:41)라는 말씀이었습니다. 하지만 제자들은 어떻게 했습니까? 기도하지 않고 잠을 잤습니다.

그런데 베드로는 그 말씀에는 순종하지 않다가 이제 와서 엉뚱한 일에 용기를 보입니다. 칼을 휘두른 것입니다. 사람들 보기에는 참 근사했을 것입니다. "야, 이 친구 참 제자답다. 가룟 유다와는 완전히 딴판이군!"이라고 생각했을지 모릅니다. 또 베드로 자신도 유다를 보며 "보라, 나는 너보다 얼마나 더 우월한가!"라고 생각했을 것입니다. 하지만 예수님은 칼을 휘두르는 것이 하나님의 뜻이 아님을 알려 주셨습니다(11절).

위기가 닥치기 전에 우리는 기도로 준비하고 있어야 합니다. 기도로 예비한 자에게는 어떤 일이 닥치건 다급할 것이 없습니다. 정확하게 하나님의 인도하심을 받아 일을 처리할 수 있기 때문입니다. 하지만 기도로 준비하지 않았던 자들은 급한 일이 생기면 자신의 뜻에 따라 일을 처리합니다. 그리고 일을 더 어렵게 만들어 버립니다.

베드로는 자신이야말로 용기 있는 자라고 생각했을 것입니다. 남들은 다 가만히 보고만 있는데 자신만이 위험을 무릅쓰고 칼을 휘둘렀으니 말입니다. 하지만 진정한 용기는 하나님이 하라시는 대로 순종하는 일입니다. 베드로는 결국 어떻게 되었습니까? 닭 울기 전에 예수님을 세 번이나 부인했습니다. 결국 근본적으로 다른 이들과 다를 것이 없는 자임이 드러난 것입니다.

인간의 혈기로 하나님의 뜻을 이룰 수 없습니다. 진정한 지혜, 진정한 용기는 혈기를 부림이 아니라 지금 이 순간 조용히 골방에 들어가 나의 창조주이신 하나님 앞에 무릎을 꿇고 그분의 지혜와 인도하심을 구하는 것입니다. 하나님은 구하는 자에게 반드시 응답해 주십니다. 사람들 보기에 멋진 행동은 무익합니다. 하나님이 보시기에 멋진 행동을 합시다.

60

요한복음 18:15-18

17 문 지키는 여종이 베드로에게 말하되 너도 이 사람의 제자 중 하나가 아니
냐 하니 그가 말하되 나는 아니라 하고
18 그 때가 추운 고로 종과 아랫사람들이 불을 피우고 서서 쬐니 베드로도 함
께 서서 쬐더라

작은 자를 통해 오는 시험을 조심하자

예수님께서 안나스의 처소로 끌려가시자 베드로와 또 다른 제자가 그 뒤를 따라갑니다(15절). 또 다른 제자란 요한복음을 쓴 사도 요한일 것입니다. 그가 대제사장과 아는 사람이었다고 한 것은 아마도 사업상의 관계 때문이었을 것입니다. 요한의 집안은 자기 배를 가지고 품꾼을 거느리면서 어업에 종사하는 사업가 집안이었습니다(마 4:21; 막 1:20). 그들은 대제사장의 집에 정기적으로 생선을 납품했을 것이고 그래서 서로를 알고 있었을 것입니다.

이전에 예수님은 베드로가 예수님을 부인할 것이라고 말씀하셨

습니다(요 13:38). 그러자 베드로는 "내가 주와 함께 죽을지언정 주를 부인하지 않겠나이다"(마 26:35)라고 말했습니다. 그러나 드디어 베드로가 예수님을 부인하기 시작합니다. 그런데 그것이 누구 앞에서였습니까? 문지기, 그것도 여종 앞에서였습니다(요 18:16). 그녀는 권력자도 아니었고 칼을 든 자도 아니었습니다. 베드로는 아주 보잘것없는 사람 앞에서 예수님을 부인했던 것입니다.

그런데 이 일이 있은 후의 베드로의 행동은 우리를 의아하게 만듭니다. 베드로가 이 때 자신이 예수님을 부인했다는 사실을 인식하고 그것을 고통스럽게 여겼다면 즉시 그곳을 빠져나왔을 것입니다. 그런데 베드로는 안으로 들어가서 다른 사람들과 같이 불을 쬡니다(18절). 왜 안으로 들어갔을까요? 혹시 여종에게 태연하게 보이려고 그렇게 한 것이었을까요? 아니면 베드로는 정말로 예수님을 부인하고 있는 자기 자신을 의식하지 못했던 것일까요?

어쩌면 베드로는 왕이나 대제사장들 앞에서는 용감하게 예수님을 메시야로 인정하고 순교할 각오가 되어 있었을 지도 모릅니다. 그것은 위대한 일입니다. 모든 동료들이 베드로를 존경할 것이고 그를 위해 눈물을 흘려 줄 것입니다. 그러나 지금은 방심하고 있습니다. 혹시 자신이 하는 일을 인식했다 해도 "이까짓 문지기 여종에게 예수님을 모른다고 하는 것이 뭐 대수인가?"라고 하면서 별로 심각하게 생각하지 않았을 수도 있습니다. 하지만 그것은 엄연히 예수님을 부인한 것이었고, 그로 인해 그는 통한의 눈물을 흘려야 했습니다.

우리도 마찬가지입니다. 우리가 생각하는 고난, 우리가 마음속에 그리는 순교는 어떤 것입니까? 회교국에서 전도하다가 잡혀서 CNN방송으로 전세계로 중계되는 가운데 고초를 겪고 목숨을 잃는 것일지 모릅니다. 그러면 그것을 지켜보는 세계의 모든 기독교인들, 나를 아는 지인들은 나를 위해 눈물을 흘리고 나를 존경하게 될 것입니다. 우리는 정말로 그런 시험에는 이길 각오가 되어 있을지 모릅니다.

하지만 마귀가 주는 시험은 우리 옆의 가장 작은 자들을 통해서 다가옵니다. 그들에게 지는 것도 커다란 자에게 지는 것과 마찬가지로 똑같이 지는 것입니다. 우리는 그들을 통해 오는 마귀의 교묘한 시험을 이길 준비가 되어 있습니까? 늘 긴장하며 삽시다.

61

요한복음 18:19-27

22 이 말씀을 하시매 곁에 섰던 아랫사람 하나가 손으로 예수를 쳐 이르되 네
가 대제사장에게 이같이 대답하느냐 하니
23 예수께서 대답하시되 내가 말을 잘못하였으면 그 잘못한 것을 증언하라
바른 말을 하였으면 네가 어찌하여 나를 치느냐 하시더라

진리를 위해 당당한 모습을 보이신 예수님

예수님께서 대제사장 안나스에게 심문을 받으십니다(19절). 당시 현직 대제사장은 가야바였지만(24절) 안나스를 대제사장이라고 부르는 것은 그가 전직 대제사장이었기 때문입니다. 유대인들은 대제사장직을 맡았던 자들을 퇴임 후에도 평생 대제사장이라고 불렀습니다. 그렇기 때문에 성경에 '대제사장들'이라는 표현이 나오는 것입니다(마 16:21; 20:18 등).

오늘 본문에서 우리는 진리와 권위가 충돌할 때 어떤 태도를 취해야 하는지를 보게 됩니다. 우리나라에 기독교가 처음 들어왔을

때, 기독교인들이 있는 마을에서는 관리들이 부정부패를 마음대로 자행할 수가 없었습니다. 왜냐하면 기독교인들의 항의와 저항이 워낙 거셌기 때문입니다. 당시 하나님의 정의를 위해 싸웠던 기독교인들을 향해 부패한 관리들이 했던 비난은 '건방지다'라는 것이었습니다. '감히 백성인 주제에 관리들이 하는 일에 참견을 하다니 건방지다.' '감히 아녀자 주제에 남정네들의 일에 관여를 하려 들다니 건방지다.' 이런 말들이었습니다.

하지만 우리 믿음의 조상들은 하나님의 말씀에 순종하기 위해 그런 비난을 달게 감수했습니다. 기독교인들은 그런 비판을 두려워하지 말아야 합니다. 어떤 시대를 막론하고 진리는 항상 논리적으로 자신을 변호하려 하고, 마귀적인 권위는 약한 자들의 입을 무조건 틀어막으려 합니다.

성경에서 그런 일의 가장 뚜렷한 예가 바로 오늘 본문입니다. 예수님이 재판을 받으시다가 자신의 입장을 사실에 근거하여 설명하셨습니다(20, 21절). 그러자 어떤 사람이 예수님을 때리면서 "네가 대제사장에게 이같이 대답하느냐"(22절)라고 말합니다. 그 때 예수님이 어떻게 하십니까? '아, 저 분이 대제사장이셨습니까? 그러면 제가 아무 소리 말고 있어야지요' 그러시고 그 다음부터 침묵하셨습니까? 아닙니다. 당당하게 따지셨습니다. "내가 말을 잘못하였으면 그 잘못한 것을 증언하라 바른 말을 하였으면 네가 어찌하여 나를 치느냐"(23절). 주님은 권위와 폭력 앞에서 조금도 위축된 모습을 보이시지 않았습니다.

우리도 그렇게 살아야 합니다. 하나님의 말씀대로 살려고 하면 세상과 충돌합니다. 마태복음 10:34에서 예수님께서는 "내가 세상에 화평을 주러 온 줄로 생각하지 말라 화평이 아니요 검을 주러 왔노라"라고 하셨습니다. 당연한 말씀입니다. 마귀에게 눌려 있던 사회 속에 하나님의 복음이 전해지고, 마귀적인 생활방식을 가지고 살아왔던 사람들 사이에서 복음적인 생활방식으로 살려고 하는데 어떻게 싸움이 없겠습니까? 충돌과 알력은 당연한 일입니다. 그럴 때 우리는 눌러서서는 안 됩니다. 물론 겸손한 태도를 잃지 말아야 하지만 진리를 양보해서는 안 됩니다. 진리의 싸움을 두려워하는 것은 겸손이 아닙니다. 하나님의 말씀을 위해 용기를 냅시다. 결국 진리가 승리할 것입니다.

62

요한복음 18:28-40

39 유월절이면 내가 너희에게 한 사람을 놓아 주는 전례가 있으니 그러면 너
희는 내가 유대인의 왕을 너희에게 놓아 주기를 원하느냐 하니
40 그들이 또 소리 질러 이르되 이 사람이 아니라 바라바라 하니 바라바는 강
도였더라

빌라도의 심문

대제사장 안나스와 가야바의 집에서 심문을 마친 유대인들은 예수님을 빌라도에게 끌고 갔습니다(28절). 빌라도가 있던 곳은 성전 북서쪽에 있던 안토니아 요새나 헤롯 궁전이었을 것입니다. 당시 로마 총독들은 평상시에는 현대적 항구도시인 가이사랴에서 살다가(행 23:33) 유대인의 명절이 되어 민란의 위험성이 높아지면 군대를 이끌고 예루살렘에 와서 머물렀습니다. 그러다가 순례자들이 흩어지고 나면 총독 자신도 가이사랴로 돌아갔습니다.

살다 보면 모든 일이 나쁜 쪽으로만 진행되는 것처럼 보일 때가

있습니다. 본문의 재판 장면이 그렇습니다. 빌라도는 나름대로 열심히 예수님을 심문합니다. 그리고 예수님의 대답을 제대로 이해할 수는 없었지만 하여튼 그가 사형을 당할 죄를 범한 자는 아니라는 결론을 내립니다(38절). 하지만 빌라도는 백성들이 신경질적으로 소리를 지르자, 그 소리에 패배하여 예수님을 십자가에 못 박히게 넘겨줍니다: "그들이 큰 소리로 재촉하여 십자가에 못 박기를 구하니 그들의 소리가 이긴지라"(눅 23:23). 공정한 재판관으로서의 본분을 포기한 것입니다.

유대인들도 한심하기는 마찬가지입니다. 그들이 원래 예수님께 내렸던 죄목은 신성 모독죄였습니다. 하지만 그런 죄목으로는 예수님을 로마 총독의 법정에 세울 수가 없었습니다. 그래서 그들은 예수님을 정치범으로 고소했습니다. 그렇기 때문에 빌라도가 예수님께 "네가 유대인의 왕이냐"(33절)라고 물은 것입니다. 하지만 빌라도가 유대인들에게 유월절 관례에 따라 풀어 줄 사람을 선택하라고 말하자, 그들은 바라바를 풀어 달라고 외칩니다. 바라바는 강도라고 되어 있는데(40절), '강도'라고 번역된 헬라어 단어 '레스테스'는 '게릴라'로도 번역될 수 있는 단어입니다. 예수님을 반역죄로 고소해 놓고서, 그들이 막상 풀어 달라고 한 자는 진짜 반역자였던 것입니다.

그들에게는 논리도 이성도 아무 것도 남아 있지 않았습니다. 모든 것이 엉망이었습니다. 그래서 예수님은 억울하게 십자가에 못 박히셨습니다. 본문은 그 이유에 대해 예수님의 나라는 이 세상에 속한 것이 아니기 때문이라고 말씀합니다(36절). 이 세상은 아직 천국이 아닙니다. 그렇기 때문에 믿는 자들에게도 끔찍한 일들이 일어납니다. 하나님의 뜻이 아니라 마귀의 뜻이 이루어지는 것처럼 보이는 경험을 하기도 합니다. 그러나 곧 영원한 천국이 올 것입니다. 그 때가 되면 모든 비밀들이 밝혀질 것입니다. 이 땅위에서 사는 동안 때로는 낙심이 되고 용기가 꺾이지만 저 천국을 바라보며 다시 힘을 내야겠습니다.

63

요한복음 19:1-16

10 빌라도가 이르되 내게 말하지 아니하느냐 내가 너를 놓을 권한도 있고 십
자가에 못 박을 권한도 있는 줄 알지 못하느냐
11 예수께서 대답하시되 위에서 주지 아니하셨더라면 나를 해할 권한이 없었
으리니 그러므로 나를 네게 넘겨 준 자의 죄는 더 크다 하시니라

유대인들의 죄가 더 큰 이유

본문에는 빌라도가 십자가형을 언도하기 전에 예수님과 마지막으로 대화를 나누는 장면이 나옵니다. 빌라도의 질문에 예수님께서 대답을 하시지 않자 그는 "내가 너를 놓을 권한도 있고 십자가에 못 박을 권한도 있는 줄 알지 못하느냐"(10절)라고 묻습니다. 그러자 예수께서는 "위에서 주지 아니하셨더라면 나를 해할 권한이 없었으리니 그러므로 나를 네게 넘겨 준 자의 죄는 더 크다"(11절)라고 대답하십니다.

그런데 위의 구절에서 왜 중간에 '그러므로'가 들어갔을까요? 하

나님이 빌라도에게 권세를 주셨다는 것이 왜 유대인들의 죄가 빌라도의 죄보다 더 큰 이유가 될까요? 빌라도는 단지 누군가는 해야 할 일을 우연히 거기서 담당하고 있었을 뿐이고, 유대인들은 자신들의 자유의지로 예수님을 넘겨준 것이기 때문일까요?

우리는 '그러므로'를 그 앞에 등장하는 단어인 '위에서'와 연관하여 해석해야 합니다. (마침 헬라어 원문에서 '그러므로'의 바로 앞 단어가 '위에서'입니다.) 예수님을 십자가에 못 박게 할 수 있는 권세는 위로부터, 즉 하나님께로부터 온 것입니다. 그런데 빌라도는 그 사실을 모르지만 유대인들은 그것을 압니다. 이것이 양자 사이에 결정적인 차이를 만듭니다.

유대인들도 예수님이 십자가에 못 박힐 이유가 없다는 것을 알고 있었습니다. 그들은 고소의 이유를 묻는 빌라도에게 "이 사람이 행악자가 아니었더라면 우리가 당신에게 넘기지 아니하였겠나이다"(요 18:30)라고 대답합니다. 이런 순환논리의 모순이 담긴 대답을 했다는 것은 그들이 예수님을 빌라도에게 고소할 죄목을 찾지 못하고 있었음을 말해 줍니다.

그런데 빌라도의 권세는 하나님께로부터 온 것입니다. 빌라도는 그것을 몰랐지만 유대인들은 그것을 알았습니다. 그러므로 그들은 빌라도의 권세가 하나님의 뜻에 맞게 사용되도록 감시할 책임이 있었습니다. 거룩한 지식을 갖춘 자의 남다른 책임입니다. 하지만 그들은 오히려 빌라도에게 압력을 가해 빌라도로 하여금 잘못된

판결을 내리도록 유도하고 있습니다. 그러므로 빌라도보다 유대인들의 죄가 더 큰 것입니다.

예수님께서는 "주인의 뜻을 알고도 준비하지 아니하고 그 뜻대로 행하지 아니한 종은 많이 맞을 것이요 알지 못하고 맞을 일을 행한 종은 적게 맞으리라 무릇 많이 받은 자에게는 많이 요구할 것이요 많이 맡은 자에게는 많이 달라 할 것이니라"(눅 12:47, 48)라고 말씀하셨습니다. 하나님께서는 더 많이 아는 자들에게는 더 큰 책임을 요구하십니다. 우리는 나의 거룩한 지식에 걸맞은 책임을 다하며 살고 있습니까?

64

요한복음 19:17-22

17 그들이 예수를 맡으매 예수께서 자기의 십자가를 지시고 해골(히브리말로
골고다)이라 하는 곳에 나가시니
18 그들이 거기서 예수를 십자가에 못 박을새 다른 두 사람도 그와 함께 좌
우편에 못 박으니 예수는 가운데 있더라

십자가에 대한 너무나 간단한 서술

빌라도가 십자가형을 언도하자 예수님께서는 자기의 십자가를 지시고 골고다까지 가셔서 거기서 십자가에 못 박히셨습니다(18절). 십자가 위에 히브리와 로마와 헬라 말, 즉 아람어, 라틴어, 그리스어로 쓰인 "나사렛 예수 유대인의 왕"이라는 죄패를 붙였습니다. 이렇게 여러 언어를 사용한 것은 예수님의 십자가가 유대인들만이 아니라 만민을 위한 것임을 시사하는 것입니다.

그런데 이 단락은 성경 전체 중에서도 참으로 이상한 곳입니다. 바로 이 본문 중에 예수께서 십자가에 못 박히시는 장면이 있습니

다. 다시 말해서 이곳은 요한복음뿐만 아니라 신구약 성경 전체의 클라이맥스입니다. 구약성경이 오래 전에 예언했던 그분이 드디어 세상에 오셨고, 십자가에 못 박히십니다. 그런데 정말 이상합니다. 본문은 너무 간단히 십자가에 대해 말합니다. 몇 개 안 되는 구절들 속에 거의 매 절마다, 거의 산만할 정도로 서로 다른 에피소드들이 등장하고 있고, 주님께서 십자가에 못 박히시는 장면은 지나가는 이야기를 하듯이 짧게 소개되어 있습니다. "그들이 거기서 예수를 십자가에 못 박을새 다른 두 사람도 그와 함께…"(18절). 다른 세 개의 복음서의 경우도 마찬가지입니다(마 27:35; 막 15:24; 눅 23:33).

성경 가운데서 가장 웅장한 찬송시, 혹은 우리의 가슴을 찢는 비탄과 회개의 기도문이 등장해야 한다면 바로 이 장면이 아니겠습니까? 복음서 기자들이 다른 곳은 몰라도 주님께서 십자가에 못 박히신 이 장면을 기록할 때만은, 자신의 문학적 재주와 신학적 지식을 총동원해서 찬송시를 적거나 십자가를 멋지게 설명하고 싶지 않았겠습니까? 그런데 왜 그런 것이 하나도 없는 것일까요? 하나님께서는 왜 이 부분을 이토록 간결하게 처리하게 하셨을까요? 어떤 신학적 설명이나 찬송시가 있었다면 훨씬 더 유용하고 감동적이지 않았겠습니까?

그러나 아무 다른 설명 없이 담백하게 십자가 사건을 기록하게 하신 것은 하나님의 큰 은혜입니다. 왜냐하면 만약 십자가 옆에 어떤 찬송시나 나름대로의 설명이 붙어 있었다면, 십자가의 의미는 이 부분에 등장하는 그 설명에 의해 제한되어 버렸을 것이기 때문입니다. 각 복음서 기자들의 마음을 억누르셔서 오직 십자가형이라는 역사적 사실만 담백하게 기록하게 하신 성령님의 역사를 찬양해야 합니다.

십자가의 깊이와 넓이는 무한합니다. 십자가는 우리의 평생의 묵상의 주제이자 쉼 없는 찬송의 제목입니다. 그것은 어떤 한 가지 설명이나 찬양에 매여서는 안 되는 사건입니다. 십자가! 우리들 각자에게 예수님의 십자가는 무엇입니까?

65

요한복음 19:23-27

26 예수께서 자기의 어머니와 사랑하시는 제자가 곁에 서 있는 것을 보시고
자기 어머니께 말씀하시되 여자여 보소서 아들이니이다 하시고
27 또 그 제자에게 이르시되 보라 네 어머니라 하신대 그 때부터 그 제자가
자기 집에 모시니라

하나님의 뜻이 이루어지는 두 가지 방법

이 단락은 23, 24절, 그리고 25-27절의 두 부분으로 나누어집니다. 23, 24절은 군인들이 예수님의 겉옷과 속옷을 나누어 갖는 장면입니다. 유대인들의 겉옷은 지금의 담요처럼 생겨서 낮에는 몸에 두르고 다니다가 밤에는 긴급할 경우 담요처럼 사용하기도 했습니다. 군인들은 이것을 네 부분으로 나누어 하나씩 가졌습니다(23절). 속옷이란 보통 튜닉(tunic)이라고 하는데, 목 부분에서 무릎 정도까지 오는, 둥글게 통으로 짠 옷을 말합니다. 머리와 두 팔을 위한 구멍이 있었고 겉옷에 비해 훨씬 값어치가 나갔습니다. 이 옷

은 손상하면 가치가 떨어졌기 때문에 넷으로 나누지 않고 제비를 뽑아 한 사람이 가져갔습니다(24절).

그런데 그들의 이런 행위는 시편 22:18의 예언을 이루는 것이었습니다: "내 겉옷을 나누며 속옷을 제비뽑나이다." 물론 군인들은 자신들이 지금 이 예언을 실현하고 있다는 것을 전혀 알지 못했습니다. 따라서 이 부분은 인간이 스스로 의식하지 못한 채 성경의 예언을 이루는 예를 보여줍니다.

반면 두 번째 부분인 25-27절은 예수님의 직접적인 명령과 인간의 순종에 의해 하나님의 뜻이 이루어지는 장면을 보여줍니다. 예수님은 요한에게 어머니 마리아에 대한 봉양을 명령하셨고 요한은 이를 의식적으로 순종하며 살았습니다. 그 결과 요한은 평생 큰 유익을 얻었습니다. 성격이 우레와 같았던(막 3:17) 그가 말년에는 온유한 사랑의 사도로 변화되었습니다. 예수님의 어머님을 모셔야 했기 때문에 요한은 자기 성격대로 함부로 살 수가 없었을 것입니다. 그리고 계속 그렇게 살다 보니 온유한 사람으로 바뀌었을 것입니다.

세상에서 하나님의 뜻이 이루어지는 방법에는 이와 같이 두 종류가 있습니다. 양자 모두에서 하나님의 뜻이 이루어진다는 점은 차이가 없습니다. 그러나 우리 인간들의 입장에서는 양자 사이에 큰 차이가 있습니다. 후자 즉 순종을 통해 하나님의 뜻이 성취될 때는 순종하는 사람의 신앙과 인격이 성숙해집니다. 하지만 무의식적인 성취에서는 당사자들에게 아무런 유익이 없습니다. 군인들이 영적으로 무슨 유익을 얻었겠습니까?

하나님께서는 우리의 순종을 통하지 않고서도 얼마든지 자신의 뜻을 이루실 수 있습니다. 이를테면 천사를 통해 일하실 수 있습니다. 우리를 통해 역사하시는 것보다 그것이 훨씬 더 빠르고 정확할 것입니다. 그러나 굳이 우리를 부르시고, 훈련시키시고, 우리의 순종을 통해 일을 이루시려 하는 것은 우리의 유익 때문입니다. 순종하면 결국 우리에게 유익이 옵니다. 하나님의 뜻을 이루어드리기 위해 열심히 노력합시다.

66

요한복음 19:28-30

28 그 후에 예수께서 모든 일이 이미 이루어진 줄 아시고 성경을 응하게 하
려 하사 이르시되 내가 목마르다 하시니
29 거기 신 포도주가 가득히 담긴 그릇이 있는지라 사람들이 신 포도주를 적
신 해면을 우슬초에 매어 예수의 입에 대니
30 예수께서 신 포도주를 받으신 후에 이르시되 다 이루었다 하시고 머리를
숙이니 영혼이 떠나가시니라

우리를 위해 계속 십자가의 고통을 선택해 주신 예수님

본문은 예수님께서 십자가에서 숨을 거두시는 장면을 보여줍니다. 예수님께서 십자가에서 받으신 포도주에는 두 종류가 있습니다. 하나는 몰약 혹은 쓸개를 탄 포도주인데 사람들은 예수님을 십자가에 못 박기 전에 이것을 권했습니다. 그런데 그것은 일종의 진통제였기 때문에 예수님께서는 이를 거절하셨습니다(막 15:23). 당해야 할 고통을 하나도 남김없이 고스란히 다 당하실 것을 선택

하신 것입니다. 그리고 숨을 거두시기 직전에는 신 포도주를 드렸습니다. 예수님은 이것을 받으신 후 운명하셨습니다(30절).

예수께서는 “다 이루었다”라는 말씀을 하시고 숨을 거두십니다(30절). 그런데 그것을 왜 굳이 말로 표현하셨을까요? 머리를 숙이시고 영혼이 돌아가시기 직전이라면 목소리를 낸다는 것이 극히 어려운 때임을 기억해야 합니다. 더구나 다른 사람들이 알아들을 수 있을 정도로 분명한 목소리를 낸다는 것은 엄청난 에너지가 소모되는 일이었을 것입니다. 그러나 예수님께서는 운명하시기 직전, 마지막 힘을 짜내어 “다 이루었다”라는 말씀을 하시고 숨을 거두셨습니다. 이것은 이 말씀을 통해 다른 사람들에게 반드시 알려야 할 메시지가 있었음을 뜻합니다. 그 힘든 상황에서 혼잣말을 하신 것은 아닙니다. 그 메시지가 무엇일까요?

사람들은 십자가가 고통스러운 것이기는 하지만 예수님은 하나님이셨으니까 그래도 좀 고통이 덜했을 것이라고 생각합니다. 아닙니다. 예수님은 하나님이시기 때문에 보통 사람보다 십자가의 고통이 훨씬 더 견디기 힘든 것이었습니다. 그 이유가 무엇일까요?

마태복음 26장을 보면 사람들이 예수님을 체포하려고 할 때 베드로가 칼을 휘두릅니다. 그러나 예수님께서는 53절에서 베드로에게 이렇게 말씀하십니다. “너는 내가 내 아버지께 구하여 지금 열두 영 더 되는 천사를 보내시게 할 수 없는 줄로 아느냐” 이게 무슨 뜻입니까? 지금 예수님이 힘이 없어서 고난을 당하고 계신 것이 아니란 말입니다. 언제든지 예수님이 원하시기만 하신다면 스스로 고난을 멈추실 수 있다는 것입니다. 그런데 바로 그렇기 때문에 예수님의 십자가는 더욱 잔인한 것입니다.

사람의 경우에는 "내가 십자가에 못 박힐까 말까"하고 갈등을 한다 해도, 그것은 십자가에 못 박히기 직전까지만 가능한 일입니다. 일단 십자가의 못이 내 손과 발을 뚫고 지나간 다음에는 더 이상 갈등할 것이 없습니다. 그 다음에는 아무리 생각을 바꾼다 해도 십자가의 고통에서 헤어날 길이 없습니다. "아, 이렇게까지 아플 줄은 정말 몰랐네. 내가 잘못 생각했네"라고 후회를 해도 이미 엎질러진 물입니다. 하지만 어떻게 보면 그래서 편합니다. 일단 못 박힌 다음에는 그냥 무기력하게 죽을 때까지 기다릴 수밖에 없습니다.

하지만 예수님께는 상황이 전혀 달랐습니다. 예수님께서는 일단 십자가에 못 박히신 다음에도 언제든지 원하기만 하시면 십자가의 고통으로부터 벗어나실 수 있으셨습니다. "아, 십자가에 못 박힌다는 게 이렇게 아픈 것인지는 미처 몰랐다. 얘들아, 미안하지만 나는 여기쯤에서 그만 두어야 할 것 같다"라고 하시며 언제든지 그만 두실 수 있었습니다.

그렇기 때문에 예수님에게는 십자가에 못 박히신 그 순간부터 마지막에 숨을 거두실 때까지, 모든 순간들은 "이 고통을 그냥 계속 견딜 것인가, 아니면 여기서 멈추어 버릴 것인가"를 결정하는 결단의 연속이었습니다. 그것은 정말로, 지독하게 잔인한 일이었습니다. 예수님께서는 아침 9시부터(막 15:25) 오후 3시까지(막 15:34) 여섯 시간 동안 우리를 위해 십자가의 고통을 참아 주셨습니다.

오늘 본문에 보면 예수께서는 영혼이 돌아가시기 직전에 "다 이루었다"라는 말씀을 하십니다. 왜 이 말씀을 하셨습니까? 십자가에 못 박혀서 죽으셨으면 당연히 다 이룬 것 아닙니까? 굳이 당연한 말씀을 꼭 하시고 돌아가셨어야 할 필요가 있었습니까? 그 말씀은 우리를 위해 매우 유익한 말씀이었습니다. 예수님께는 우리의 죄를 위해 십자가에서 당하셔야 했던 정해진 양의 고통이 있었습니다. 그런데 만일 예수님이 "다 이루었다"라는 말씀을 하시지 않고 그냥 조용히 운명하셨다면, 우리는 예수님께서 우리를 위한 그 고통의 양을 다 채우시고 돌아가신 것인지, 아니면 중간에, 너무 힘드셔서, 그 고통을 다 채우기를 포기하시고, 그냥 육체를 떠나 하늘나라로 돌아가신 것인지 알 수가 없습니다.

그렇기 때문에 예수님께서는 운명하시기 전, 그 피곤하고 기진맥진한 상태에서도, 마지막 힘을 다 쥐어짜셔서 기어이 "다 이루었다"라는 말씀을 남기시고 세상을 떠나가신 것입니다. 우리를 위한 예수님의 십자가의 고통은 십자가에 못 박혔다고 해서 자동적으로 이루어진 일이 아니었습니다. 그것은 여섯 시간 동안이나 계속된 결단의 순간들이 모여서 된 일입니다.

그런데 그 수많은 결단의 순간마다 예수님께서는 왜 그 고통을 계속해서 당하는 것을 선택하셨습니까? 우리를 사랑하시기 때문입니다. 십자가의 고통이 엄청난 것이긴 했지만, 예수님이 그것을 포기하신다면, 우리가 영원히 지옥의 고통을 당해야 했습니다. 하지만 예수님께서는 그것을 원하지 않으셨습니다. 우리가 지옥에 가는 것을 보느니, 차라리 예수님 자신이 십자가에 더 오래 못 박혀 계시는 것을 원하셨습니다. 그렇기 때문에 예수님께서는 여섯 시간 동안 이어진 그 수많은 결단의 순간들마다, 십자가의 고통을 계속 반복해서 선택해 주셨던 것입니다.

우리는 그것을 십자가의 사랑이라고 부릅니다. 그리고 지금 우리가 그 사랑을 받은 존재들입니다. 예수님은 십자가에서 가지셨던 것과 똑같은 그 사랑으로 지금도 우리를 사랑하고 계십니다. 그래서 우리는 예수님을 나의 주님이라고 부르고 있는 것입니다. 우리는 그 사랑에 충분히 감사하고 있습니까?

67

요한복음 19:31-42

38 아리마대 사람 요셉은 예수의 제자이나 유대인이 두려워 그것을 숨기더니
이 일 후에 빌라도에게 예수의 시체를 가져가기를 구하매 빌라도가 허락하는
지라 이에 가서 예수의 시체를 가져가니라
39 일찍이 예수께 밤에 찾아왔던 니고데모도 몰약과 침향 섞은 것을 백 리트
라쯤 가지고 온지라
40 이에 예수의 시체를 가져다가 유대인의 장례법대로 그 향품과 함께 세마
포로 쌌더라

차선에 최선을 다해야 한다

예수님이 십자가에 못 박히신 날은 유대 달력으로 아빕월(=니산월) 15일이었습니다. 31절에 나오는 준비일이란 안식일의 준비일 즉 금요일을 말합니다. 예수님은 금요일 오후 3시경에 운명하셨습니다(막 15:34). 그런데 금요일 저녁에 해가 지면 안식일이 시작됩니다. 안식일에는 장례를 치를 수 없었기 때문에 두세 시간 안에 예수님의 시신을 어딘가에 모셔야 했습니다. 그 때 앞에 나서서 예수

님을 장례 지낸 사람이 바로 아리마대 사람 요셉입니다(38절). 그는 부자였고 산헤드린 공회원이었습니다.

성경에서 많은 부자들이 하나님에 의해 책망을 받고 있지만, 그는 우리가 아름다운 권력자, 선한 부자였다고 칭찬을 해 줄만한 사람이었습니다. 그는 빌라도에게 가서 허락을 얻어 예수님의 시신을 자신의 무덤에 장사지냈습니다. 그가 존귀한 산헤드린 공회원이 아니었다면 빌라도에게 개인면담을 요청할 수도 없었을 것입니다. 그는 자신의 권세를 잘 활용했던 것입니다. 또 그가 아니었다면 예수님의 가족들은 예루살렘 근처에서 적당한 매장지를 찾지 못했을 것입니다. 아리마대 요셉은 자신의 재산을 잘 활용한 아름다운 부자였습니다.

빌라도에게 가서 예수의 시체를 가져가기를 구한 것은 상당한 용기를 필요로 하는 일이었습니다. 유대인들의 지도자들이 예수님을 대적하는 상황에서 그분의 시신을 공개적으로 장례 지낸다는 것은 대단히 위험한 일이었습니다.

그런데 아리마대 사람 요셉이 좀 엉뚱하다는 생각이 듭니다. 왜 그는 십자가 이후에야 이런 용기를 냈을까요? 예수님의 당당한 죽음을 보고, 그런 죽음을 택한 영웅에 대해 예의를 표할 필요를 느꼈을까요? 예수님의 죽음 이후 제자들이 숨어 버린 것에 비하면, 요셉의 행동은 상당히 용기 있는 일이었습니다. 하지만 용기를 좀 더 일찍 냈더라면 더 좋지 않았겠습니까? 예수님이 십자가에 못 박히시기 전에 주님의 제자가 되었던가, 아니면 산헤드린에서 예수님의 죽음에 대해 논의할 때 좀 더 적극적으로 예수님 편을 들었다면 더 좋았을 것입니다. 그는 예수님을 섬길 최선의 기회들을 놓쳐 버렸습니다.

그러나 차선을 위한 용기도 중요합니다. 어쨌든 그는 차선에 최선을 다했고, 그것은 훌륭한 일이었습니다. 우리도 차선에 최선을 다해야 합니다. 우리의 인생에서 차선이라고 생각되는 일들을 포기하지 말아야 합니다. 그는 예수님이 죽으셨으니 이제 모든 것이 다 끝났고, 더 이상 예수님에 대해 관심을 기울일 필요가 없다고 생각하지 않았습니다. 그는 자신에게 남아 있는 차선의 기회들을 최대한 활용했습니다.

우리는 인생에서 최선의 것을 놓쳐버린 것에 너무 집착하고 있지는 않습니까? 그래서 하나님이 허락해 주신 차선의 기회들을 그냥 흘려보내고 있지는 않습니까? 지금 우리에게 허락된 차선은 무엇입니까? 그것에 최선을 다합시다.

68

요한복음 20:1-18

16 예수께서 마리아야 하시거늘 마리아가 돌이켜 히브리 말로 랍오니 하니
(이는 선생님이라는 말이라)
17 예수께서 이르시되 나를 붙들지 말라 내가 아직 아버지께로 올라가지 아
니하였노라 너는 내 형제들에게 가서 이르되 내가 내 아버지 곧 너희 아버지,
내 하나님 곧 너희 하나님께로 올라간다 하라 하시니

여성을 부활의 첫 증인으로 삼으심

예수님께서는 금요일에 십자가에 못 박히셨습니다. 아침 9시에 못 박히셔서 오후 3시에 영혼이 떠나가셨습니다. 그리고 금요일 저녁에 해가 지기 전, 즉 토요일(안식일)이 시작되기 직전에 아리마대 요셉의 무덤에 안치되셨습니다. 그리고 안식일 이후 첫 날 즉 주일 새벽에 막달라 마리아가 무덤에 왔습니다(1절). 무덤 입구를 막고 있던 돌이 옮겨진 것을 본 마리아는 제자들에게 달려가 그 사실을 알립니다. 그러자 베드로와 요한이 무덤으로 가서 예수님의 시신이

사라진 것을 확인합니다(8절). 그들이 집으로 돌아간 후 예수님께서 마리아에게 나타나셔서 자신을 밝히시고(16절) 제자들에게 자신의 부활을 알리라는 사명을 그녀에게 주십니다(18절).

본문은 예수님께서 마리아를 부활의 첫 증인으로 선택하셨다는 사실을 보여주고 있습니다. 그 전에 베드로와 요한이 무덤에 찾아왔지만 예수님께서는 그들이 아니라 막달라 마리아를 부활의 첫 증인으로 삼으셨습니다. 이것은 지금 보기에는 별로 특별할 것이 없는 것 같지만, 당시의 사회 분위기 속에서는 대단히 파격적인 일이었습니다. 왜냐하면 당시 유대 법정에서 여성은 증인의 자격이 없었기 때문입니다. 법정에서 여성이 아무리 자신의 눈으로 범행 현장을 똑똑히 목격했다고 주장해도 그녀의 증언은 결정적 증거로 받아들여지지 않았습니다. 그런데 예수님께서는 여성을 자신의 부활에 대한 첫 증인으로 파송하신 것입니다. 이것은 어떻게 보면 대단히 위험한 일이었습니다. 사람들에게 부활을 전하면 그들은 부활의 첫 증인이 누구냐고 물었을 것입니다. 그들에게 그것은 막달라 마리아라는 여인이라고 대답하면 그들은 대부분 코웃음을 쳤을 것입니다.

하지만 예수님께서는 그 모든 어려움을 잘 아시면서도 마리아를 부활의 첫 증인으로 세우셨습니다. 이것은 마치 이렇게 말씀하시는 것 같습니다. "그래, 내가 여인을 부활의 첫 증인으로 선택했다. 그게 뭐 어떻다는 말이냐? 내가 인간을 창조할 때 남자와 여자를 똑같이 하나님의 형상을 따라 만들었다. 여성을 무시하는 사회제도를 만든 것은 타락한 너희들이다. 나는 그런 것에 상관하지 않는다. 부활의 첫 증인은 여자다." 그렇기 때문에 기독교가 전해지는 모든 나라에서는 여성들의 인권이 급격히 신장합니다. 그것은 결코 우연이 아닙니다.

여성에게 부활 이후 첫 사명을 맡기심

그리고 부활하신 예수님께서 제일 먼저 사명을 맡기신 것도 어떤 남자가 아니라 여인이었던 막달라 마리아였습니다. 주님께서는 마리아를 제자들에게 보내시며 "내가 내 아버지 곧 너희 아버지, 내 하나님 곧 너희 하나님께로 올라간다"라는 자신의 말을 전하라고 하십니다(17절). 이것은 이제 십자가로 인해 하나님의 창조질서가 회복되고 있음을 보여주는 것입니다. 인간의 죄로 인해 여성들에게 부과되었던 부당한 억압과 편견은 복음으로 인해 깨져 버리게 됩니다.

예수님께서 부활하신 후 행하신 첫 번째 사역이 여성의 사회적 위상을 높이신 것이라는 사실이 놀랍지 않습니까? 복음은 영혼 구원만을 위한 것이 아닙니다. 하나님의 복음이 전해지는 곳에서는 삶의 모든 분야에서 변화가 나타나게 됩니다. 예수님 안에서는 남자와 여자, 가난한 자와 부자, 배운 자와 못 배운 자, 그리고 내국인과 외국인 사이의 차별이 없습니다. 우리의 교회도 그래야 합니다. 우리는, 우리의 교회는 예수님이 원하셨던 대로 그런 차별들을 철폐하고 있습니까?

69

요한복음 20:19-23

19 이 날 곧 안식 후 첫날 저녁 때에 제자들이 유대인들을 두려워하여 모인
곳의 문들을 닫았더니 예수께서 오사 가운데 서서 이르시되 너희에게 평강이
있을지어다
20 이 말씀을 하시고 손과 옆구리를 보이시니 제자들이 주를 보고 기뻐하더
라
21 예수께서 또 이르시되 너희에게 평강이 있을지어다 아버지께서 나를 보내
신 것같이 나도 너희를 보내노라
22 이 말씀을 하시고 그들을 향하사 숨을 내쉬며 이르시되 성령을 받으라

십자가를 통해 주신 평강

주일 저녁이 되어 제자들이 두려워하며 함께 모여 있을 때, 예수님께서 그들에게 나타나셨습니다. 그리고 "너희에게 평강이 있을지어다"라고 하신 후 그들에게 손과 옆구리를 보이셨습니다(20절). 왜 손과 옆구리를 보이셨을까요? 가장 간단히 생각할 수 있는 것은 제자들에게 자신을 확인시키시기 위해서입니다. 제자들은 아마도 자신들이 지금 진짜 사람이 아니라 어떤 헛것을 보고 있다고 생각

했을 것입니다. 그렇기 때문에 예수님께서는 그들에게 손과 옆구리를 보이심을 통해 자신의 실체를 확인시키신 것입니다.

그러나 또 다른 이유가 있는데 그것은 이제 막 말씀하신 평강이 거저 얻어지는 것이 아니라 십자가를 통해 얻어진 것임을 보이고자 하셨다는 것입니다. 물론 "너희에게 평강이 있을지어다"라는 인사는 유대인들에게 지극히 흔한 인사였습니다. 하지만 이런 상황에서 제자들에게 그 말씀이 그렇게 상투적으로 들렸을 리가 없습니다. 더구나 이것은 부활하신 주님이 그들에게 던지신 첫 번째 말씀이 아닙니까?

예수님께서 손과 옆구리의 상처를 평강과 연결시키시고자 했다는 것은 상처를 보이신 후에 다시 한 번 "너희에게 평강이 있을지어다"라는 똑같은 말씀을 하신 것을 통해 분명히 알 수 있습니다. 즉 평강에 대한 말씀(19절), 손과 옆구리를 보이심(20절), 평강에 대한 말씀(21절)의 순입니다. 평강에 대한 말씀들 사이에 십자가의 상처를 보이십니다. 그렇기 때문에 제자들은 평강에 대한 예수님의 인사와 그의 몸의 흔적들을 서로 연관시켜 생각할 수밖에 없었을 것입니다.

예수님을 주님으로 영접하고 사는 우리들은 모든 죄를 용서받고 평안 가운데서 살 수 있습니다. 그것은 우리 편에서 볼 때는 하나님께 거저 얻은 선물이지만 하나님 편에서 볼 때는 공짜가 아닙니다. 예수님께서 십자가의 고통을 통해 우리에게 허락해 주신 매우 값진 선물입니다. 우리는 그것을 기억하며 감사해야 합니다.

예수님께로부터 오시는 성령님

그리고 예수님께서는 22절에서 "숨을 내쉬며 이르시되 성령을 받으라"라고 하십니다. 이 장면도 조금 낯섭니다. 왜냐하면 보통 성령은 기도를 통해 받기 때문입니다. 숨을 내쉬며 성령을 받게 한다는 구절은 성경 전체에서 이곳밖에 없습니다. 예수님은 왜 이런 행동을 하신 것일까요?

성경에서 숨이란 생명의 본질을 나타냅니다. 창세기 2:7은 "생기를 그 코에 불어넣으시니 사람이 생령이 되니라"라고 말씀합니다. 원래 흙덩이에 불과했던 인간에게 하나님의 숨이 들어가자 그가 생명체가 된 것입니다. 그러므로 예수님의 숨이란 예수님이라는 존재의 핵심을 말합니다. "숨을 내쉬며 성령을 받으라"라고 하신 것은 우리가 오직 예수님을 통해서만 성령님을 받을 수 있다는 뜻입니다. 예수님 없이는 성령님도 없습니다. 그러므로 예수님을 부정하는 유대교나 이슬람교에서 말하는 영은 하나님의 영이 아닙니다.

우리가 누리는 평안과 성령님의 함께 하심은 모두 예수님의 십자가 때문에 가능하게 된 것입니다. 항상 그 은혜를 기억하며 감사하며 사는 우리가 됩시다.

70

요한복음 20:24-31

27 도마에게 이르시되 네 손가락을 이리 내밀어 내 손을 보고 네 손을 내밀어
내 옆구리에 넣어 보라 그리하여 믿음 없는 자가 되지 말고 믿는 자가 되라
28 도마가 대답하여 이르되 나의 주님이시요 나의 하나님이시니이다
29 예수께서 이르시되 너는 나를 본 고로 믿느냐 보지 못하고 믿는 자들은 복
되도다 하시니라

십자가가 우리의 가장 생생한 현실이다.

예수님께서 제자들에게 처음 나타나셨을 때(요 20:19) 도마는 그곳에 있지 않았습니다. 다른 제자들이 예수님을 만났다고 하자 그는 자신이 직접 손가락을 그 못 자국에 넣고 손을 그 옆구리에 넣어 보지 않고는 예수님의 부활을 믿지 않겠다고 말합니다(25절). 팔일 후에 예수님께서 그들에게 다시 나타나십니다. 그리고 도마에게 자신을 만져보라고 하십니다(27절). 도마가 비로소 신앙고백을 하자(28절) 예수님께서는 "너는 나를 본 고로 믿느냐 보지 못

하고 믿는 자들은 복되도다"(29절)라고 말씀하십니다.

본다는 것은 단지 우리의 여러 감각들 중 한 가지일 뿐입니다. 그러므로 본문의 말씀은 단지 보지 못하고 믿는 자뿐만 아니라, 만지지 못하고 믿는 자, 체험하지 못하고 믿는 자 등 인간의 감각과 경험을 모두 망라하는 말씀일 것입니다.

우리는 때로는 참담한 정신적 상태를 경험합니다. 그리고 내가 예수님을 믿는다는 것과 지금 나의 참담한 상태는 결코 공존할 수 없는 것이라고 생각합니다. 그래서 이 상태를 해결하기 위해서는 뭔가 특별하고 신비한 경험이 필요하다고 생각합니다. 그 경험이 있기 전까지는 내가 예수님을 믿는 것이 아니라고 생각합니다. 그러나 그렇지 않습니다. 예수님께서는 보지 못하고 믿는 자가 복이 있다고 하셨습니다(29절).

때로는 나의 영혼이 하나님의 함께 하심을 느낄 수 없다 해도, 때로는 나의 현실이 하나님은 나를 사랑하시지 않는다고 부르짖는다 해도, 그래도 우리는 주님이 나를 사랑하심을 믿어야 합니다: "하나님이 우리를 사랑하시는 사랑을 우리가 알고 믿었노니 하나님은 사랑이시라"(요일 4:16). 하나님의 사랑도 때로는 믿음의 대상입니다. 항상 느낄 수 있는 것이 아닙니다. 때로는 오직 믿음으로만 하나님의 사랑을 붙들 수 있을 때가 있습니다.

"하나님이 당신을 사랑하십니다"라고 하면, 큰 고통 가운데 있는 분들은 "그건 꿈같은 소리입니다. 나의 현실을 보십시오. 이것을 보면서도 하나님이 나를 사랑하신다고 말할 수 있습니까?"라고 항변합니다. 예, 물론 그분들의 상황이 비참하긴 합니다. 하지만 그들의 말이 모두 옳지는 않습니다. 왜냐하면 우리에게 가장 분명한 현실은 이 세상에서의 아픔이 아니라 예수님의 십자가이기 때문입니다.

우리의 삶에서 결코 바뀔 수 없는 현실은 뭐냐 하면, 온 우주를 창조하신 만왕의 왕 하나님께서 나를 사랑하사 나를 구원하시기 위해 십자가에 못 박혀 죽어 주셨다는 사실입니다. 그것보다 더 생생한 현실은 없습니다. 세상의 그 어떤 고난도 그 현실을 바꾸지 못합니다. 하나님은 나를 사랑하십니다. 나는 지금 하나님의 사랑의 대상입니다. 아무리 힘들어도 우리는 예수님의 사랑을 믿어야 합니다. 다른 것을 잃어도 이 믿음을 잃지 않으면 다른 모든 것은 회복이 가능하지만, 하나님이 나를 사랑하신다는 이 믿음을 놓치면 모든 것이 끝납니다. 십자가가 현실입니다. 그 현실을 바라보며 오늘의 아픔을 견뎌나갑시다.

71

요한복음 21:1-14

2 시몬 베드로와 디두모라 하는 도마와 갈릴리 가나 사람 나다나엘과 세베대
의 아들들과 또 다른 제자 둘이 함께 있더니
3 시몬 베드로가 나는 물고기 잡으러 가노라 하매 그들이 우리도 함께 가겠
다 하고 나가서 배에 올랐으나 그 날 밤에 아무 것도 잡지 못하였더니

성령 충만이 없이는 주님의 일을 할 수 없다

본문은 예수님께서 디베랴 호수에서 제자들을 만나신 장면을 보여줍니다(1절). 베드로가 "나는 물고기 잡으러 가노라"(3절)라고 말하자 다른 제자 여섯 명이 합류하여(2절) 모두 일곱 명이 갈릴리 호수에서 물고기를 잡습니다. 하지만 그들의 수고에는 열매가 없었습니다(3절). 새벽이 되었을 때 예수님께서 그들에게 나타나셔서 "얘들아, 너희에게 고기가 있느냐"라고 물으십니다(5절). 여기서 "얘들아"에 해당하는 헬라어 단어는 '파이디아'인데 아주 친근한 표현입니다. 그들이 물고기가 없다고 대답하자 예수님께서는 배 오

른편에 그물을 던지라고 하십니다. 그 말씀에 순종한 제자들은 그물을 들 수 없을 정도로 많은 물고기를 잡습니다(6절). 그리고 그들은 새벽에 바닷가에서 예수님과 함께 조반을 먹으며 대화를 나눕니다.

그런데 본 단락의 장면은 우리를 좀 의아하게 만듭니다. 제자들이 낙심해서 다시 그들의 본업인 어업으로 돌아간다는 것은 예수님의 부활 이전에나 어울리는 이야기일 것 같습니다. 자신들이 삼 년이나 하나님의 아들이라고 믿고 따르던 분이 십자가에 못 박혀서 처참하게 죽으셨으니 그 제자들이 낙심하는 것은 당연합니다. 하지만 지금 이 장면은 그들이 부활하신 예수님을 두 번씩이나 만난 다음의 일입니다. 예수님께서는 부활 당일 저녁에 그들에게 나타나셨고(요 20:19), 팔 일 후에도 나타나셨습니다(요 20:26). 14절의 본문은 아예 지금 이 장면이 "예수께서 죽은 자 가운데서 살아나신 후에 세 번째로 제자들에게 나타나신 것이라"라고 친절하게 밝히고 있습니다.

우리들 생각에는 두 번이나 부활하신 예수님을 만났다면 지금쯤은 부활을 전하는 전도자가 되어 있어야 할 것 같습니다. 갈릴리가 아니라 예루살렘 성전뜰에서 소리 높여 복음을 외치고 있어야 할 것 같습니다. 그러나 그들은 지금 옛 직업인 어업으로 돌아가 있습니다. 그것도 세 명의 소위 수제자(베드로, 세베대의 아들들)를 포함하여 일곱 명이나 되는 제자들이 모두 함께 말입니다. 그 이유가 무엇일까요? 아직 성령 충만을 받지 못했기 때문입니다. 예수님께서는 "오직 성령이 너희에게 임하시면 너희가 권능을 받고 예루살렘과 온 유대와 사마리아와 땅 끝까지 이르러 내 증인이 되리라 하시니라"(행 1:8)라고 말씀하십니다.

이 이야기는 성령 충만이 그만큼 중요함을 우리에게 말씀합니다. 그리고 아울러 우리가 그만큼 무력한 존재임을 드러냅니다. 예수님을 삼 년 동안 따라다녔고 심지어 부활하신 주님을 두 번씩이나 만났지만, 성령 충만을 받기 전까지는 그들은 무력한 자들이었습니다. 우리도 마찬가지입니다. 우리는 성령님이 없이는 주의 일을 할 수 없습니다. 성령 충만을 간절히 사모합시다.

72

요한복음 21:15-25

17 세 번째 이르시되 요한의 아들 시몬아 네가 나를 사랑하느냐 하시니 주께
서 세 번째 네가 나를 사랑하느냐 하시므로 베드로가 근심하여 이르되 주님
모든 것을 아시오매 내가 주님을 사랑하는 줄을 주님께서 아시나이다 예수께
서 이르시되 내 양을 먹이라

베드로의 상처를 치료하신 예수님

예수님께서는 아침 식사를 마치신 후에 베드로에게 "네가 이 사람들보다 나를 더 사랑하느냐"(15절)라고 물으십니다. 베드로는 "주님 그러하나이다 내가 주를 사랑하는 줄 주님께서 아시나이다"라고 대답을 합니다. 그러자 주님께서는 "내 어린 양을 먹이라"(15절)라고 말씀하십니다. 비슷한 대화가 세 번 반복됩니다. 사용되는 단어들이 약간씩 달라지기는 하지만 거의 동의어로 보아도 되는 것들입니다. '사랑하느냐'라는 질문에 사용된 '아가파오'(첫 번째와 두 번째 질문에서 사용)와 '필레오'(세 번째 질문에서 사용)의

차이도 그렇게 큰 것이 아닙니다. 이를테면 요한복음 3:19에서는 어둠에 대한 사람들의 저급한 사랑을 '아가파오'를 사용해서 표현한 반면, 요한복음 5:20에서는 하나님께서 아들을 사랑하셨다는 설명에서 '필레오'를 사용하고 있습니다.

우리가 주목해야 할 것은 예수님께서 세 번 반복해서 베드로에게 질문을 던지셨다는 점입니다. 이것은 베드로가 예수님을 부인했던 숫자와 동일합니다. 베드로는 예수님을 세 번이나 부인한 이후 자존감을 완전히 잃었을 것입니다. 스스로가 자신을 용서할 수 없었을 것입니다. 물론 자신은 예수님을 사랑합니다. 안나스의 뜰에서는 너무 두려웠기 때문에 예수님을 부인했을 뿐입니다. 하지만 그런 게 무슨 소용이란 말입니까? 어쨌든 자신은 예수님을 공개적으로 부인했고, 이제 그것은 돌이킬 수 없는 사실입니다. 이제 자신은 예수님의 제자라고 불릴 자격이 없습니다.

이런 베드로에게 예수님께서 세 번에 걸쳐서 사랑을 고백할 수 있는 기회를 부여하십니다. 세 번의 확실한 고백을 통해 그는 자신감을 회복할 수 있는 기회를 얻었습니다. 예수님께서 세 번째 같은 질문을 하시자 베드로가 근심했다고 한 것으로 보아(17절), 그 당시에는 베드로가 자신의 세 번의 부인과 예수님의 세 번의 질문을 연관시키지 못했던 것 같습니다. 하지만 이 대화는 베드로가 훗날 사도로서의 사역을 감당하는 데 큰 힘이 되었을 것입니다. 베드로가 대답을 할 때마다 예수님께서는 "내 양을 먹이라"라고 하심으로써

지도자로서의 사명을 반복해서 부여해 주십니다. “나는 너를 용서했다. 이제 너는 내가 주는 사명을 감당하기에 적합한 자이다”라고 말씀해 주신 것입니다.

하나님의 일을 하기 위해서는 성령 충만과 더불어 마음의 치료도 필요합니다. 예수님께서는 베드로의 상한 심령을 치료해 주셨습니다. 죄책감과 자괴감을 치료해 주신 후에 그에게 사명을 부여해 주셨습니다. 삶의 상처 때문에 고민하고 있습니까? 내가 이제는 하나님의 일을 하기에 적합한 자가 아니라고 생각하십니까? 주님께 모든 것을 맡깁시다. 주님께서 내 상처를 치료해 주실 것입니다. 그리고 우리에게 새로운 사명을 주실 것입니다.